CHUZHONG WULI
WUMEILEXUE DAOXUE AN

初中物理 "物美乐学" 导学案

王琦 ○ 著

西南交通大学出版社
·成都·

图书在版编目（CIP）数据

初中物理"物美乐学"导学案/王琦著.—成都：
西南交通大学出版社，2017.8
　　ISBN 978-7-5643-5682-8

Ⅰ.①初… Ⅱ.①王… Ⅲ.①中学物理课–教学法–
研究–高中 Ⅳ.①G633.72
中国版本图书馆 CIP 数据核字（2017）第 204571 号

初中物理"物美乐学"导学案
王　琦　著

责 任 编 辑	李晓辉
助 理 编 辑	黄冠宇
封 面 设 计	何东琳设计工作室
	西南交通大学出版社
出 版 发 行	（四川省成都市二环路北一段 111 号
	西南交通大学创新大厦 21 楼）
发行部电话	028-87600564　028-87600533
邮 政 编 码	610031
网　　　址	http://www.xnjdcbs.com
印　　　刷	成都蓉军广告印务有限责任公司
成 品 尺 寸	170 mm × 230 mm
印　　　张	15.25
字　　　数	259 千
版　　　次	2017 年 8 月第 1 版
印　　　次	2017 年 8 月第 1 次
书　　　号	ISBN 978-7-5643-5682-8
定　　　价	55.00 元

课件咨询电话：028-87600533
图书如有印装质量问题　本社负责退换
版权所有　盗版必究　举报电话：028-87600562

序

"导学案"是教师依据新课程标准要求,从学生的认知水平和自身教学经验出发,编写出供学生课前预习和课内自学用的书面学习方案。

"导学案"是以"学案"为载体,以"导学"为方法,以学生的自主学习为主体,以解题启发和引领为主导,通过学生、师生合作交流共同完成教学任务的一种教学模式。"导学案"倡导学生自主学习、自主探索、自我发现,其最终目的是进一步转变教师的教学观念和教学方式,转变学生的学习方式,优化课堂的教与学的模式,从而提高学生学习的效率,培养学生综合素养。

"物美乐学"基本含义是根据物理学内容之美、物理现象之美、物理实验之美来引导学生快乐学习。"物美乐学"导学案旨在将道真仡佬族苗族自治县民族中学"和美"教育思想融入初中物理课堂中,引导学生在物理知识、物理现象、物理实验中去"发现美、探索美(各美其美、美美与共)、展示美、升华美、实现美"。这主要体现五个环节:

一是"发现美"。在课前或课堂上根据教材内容和学生已有的知识经验,组织学生去阅读课本或通过观察、实验发现新的问题的过程。

二是"探索美"(各美其美、美美与共)。在学生发现了问题之后,先由学生独立思考,独自解决新发现的问题。当在学生自己不能解决问题时,通过组织学习小组来合作解决,即先"各美其美"而后"美美与共"。

三是"展示美"。此环节就是由学生展示发现的新问题或解决问题的思路、方法以及学习感悟,同时还将合作中未能解决的问题提出供全班讨论。

四是"升华美"。根据物理课程标准以及学生实际,把所学知识加以巩固练习,并拓展延伸。

五是"实现美"。就是利用所学的知识以及已掌握的物理思想和方法去解决生活中的实际问题,从而实现其成功快乐之美。通过"发现美、探索美

（各美其美、美美与共）、展示美、升华美、实现美"等环节，引导学生去发现问题而内心产生愉悦之美，引导学生去探究问题而感受体验之美，鼓励学生树立大胆质疑、展示自己的能力，感受智慧之美，引导学生养成把所学知识拓展延伸，感受到思想升华之美，指导学生将所学知识运用于生活中去感受自身价值之美。进而实现舒展灵性，充满人性，张扬个性，追求真理，崇尚实践，开拓创新，勇于探索的人文之美。

本书的编撰和出版得益于道真仡佬族苗族自治县民族中学"初中物理实验教学模式实践与研究"省级实验课题组的老师（胡刚、王祥禄、郑建体、李世昌、骆小强、王生、向森、冷兴旺、邓帮怀等），在此谨向他们深表感谢！在本书的撰写过程中参考了我校课题组的老师们平时设计的教案和学案，同时还参考了国内一些有名的物理教师的学案设计，借鉴了他们的导学案设计的思想。

书中引导学生学习的五个步骤只是作者多年来在教育教学中实践、探索中所得的研究成果。其中所列举的例子和问题肯定存在疏漏和不足之处，恳请广大读者批评指正！

作 者

二〇一七年三月

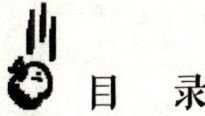

目 录

上篇　八年级物理导学案

第一章　打开物理世界的大门 / 2
　　第一节　走进神奇 …………………………………………………… 2
　　第二节　探索之路 …………………………………………………… 3
　　第三节　站在巨人的肩膀上 ………………………………………… 5

第二章　运动的世界 / 7
　　第一节　动与静 ……………………………………………………… 7
　　第二节　长度与时间的测量 ………………………………………… 11
　　第三节　快与慢 ……………………………………………………… 14
　　第四节　科学探究：速度的变化 …………………………………… 18

第三章　声的世界 / 23
　　第一节　科学探究：声音的产生与传播 …………………………… 23
　　第二节　声音的特性 ………………………………………………… 27
　　第三节　超声与次声 ………………………………………………… 32

第四章　多彩的光 / 34
　　第一节　光的反射 …………………………………………………… 34
　　第二节　平面镜成像 ………………………………………………… 37
　　第三节　光的折射 …………………………………………………… 41
　　第四节　《光的色散》 ……………………………………………… 44
　　第五节　科学探究：凸透镜成像 …………………………………… 48
　　第六节　神奇的眼睛 ………………………………………………… 51

第五章 质量与密度 / 57
  第一节 质量 …………………………………………………… 57
  第二节 天平和量筒的使用 ……………………………………… 60
  第三节 科学探究：物质的密度 ………………………………… 64
  第四节 密度知识的应用 ………………………………………… 68

第六章 熟悉而陌生的力 / 71
  第一节 力 ……………………………………………………… 71
  第二节 怎样描述力学 …………………………………………… 72
  第三节 弹力 弹簧测力计 …………………………………… 75
  第四节 来自地球的力 …………………………………………… 77
  第五节 摩擦力 …………………………………………………… 79

第七章 力与运动 / 81
  第一节 牛顿第一定律 …………………………………………… 81
  第二节 力的合成 ………………………………………………… 82
  第三节 力的平衡 ………………………………………………… 85

第八章 压强 / 87
  第一节 压力的作用效果 ………………………………………… 87
  第二节 科学探究：液体的压强 ………………………………… 91
  第三节 空气的力量 ……………………………………………… 96
  第四节 液体压强与流速的关系 ………………………………… 99

第九章 浮力 / 102
  第一节 认识浮力 ………………………………………………… 102
  第二节 阿基米德原理 …………………………………………… 104
  第三节 物体的浮与沉 …………………………………………… 107

第十章 机械与人 / 110
  第一节 科学探究：杠杆的平衡条件 …………………………… 110
    第一学时 ………………………………………………… 110
    第二学时 ………………………………………………… 113
  第二节 滑轮及其应用 …………………………………………… 114

第三节　做功了吗 ··· 116
　　　第四节　做功的快慢 ··· 119
　　　第五节　合理利用机械能 ······································· 121
　　　第一学时 ·· 121
　　　第二学时 ·· 123

第十一章　小粒子与大宇宙 / 126
　　　第一节　走进微观学案 ··· 126
　　　第二节　看不见的运动 ··· 128
　　　第三节　探索宇宙学案 ··· 133

下篇　九年级物理导学案

第十二章　温度与物态变化 / 136
　　　第一节　温度与温度计 ··· 136
　　　第二节　熔化与凝固 ··· 138
　　　第三节　汽化与液化 ··· 141
　　　第四节　升华与凝华 ··· 143
　　　第五节　全球变暖与水资源危机 ·························· 146

第十三章 / 149
　　　第一节　物体的内能 ··· 149
　　　第二节　科学探究：物质的比热容 ······················ 152
　　　第三节　内燃机 ·· 155
　　　第四节　热机效率和环境保护 ····························· 158

第十四章 / 161
　　　第一节　电是什么 ··· 161
　　　第二节　让电灯发光 ··· 163
　　　第三节　连接串联电路和并联电路 ······················ 165
　　　第四节　科学探究：串联和并联电路的电流 ······ 167
　　　第五节　测量电压 ··· 171

第十五章 / 174
　　　第一节　电阻与变阻器 ··· 174

　　　　　第一学时 ……………………………………………………… 174
　　　　　第二学时 ……………………………………………………… 176
　　第二节　欧姆定律 ……………………………………………………… 178
　　　　　第一学时 ……………………………………………………… 178
　　　　　第二学时 ……………………………………………………… 180
　　第三节　"伏安法"测电阻 …………………………………………… 182
　　第四节　电阻的串联和并联 …………………………………………… 184
　　　　　第一学时 ……………………………………………………… 184
　　　　　第二学时 ……………………………………………………… 187
　　第五节　家庭用电 ……………………………………………………… 189

第十六章　电流做功与电功率 / 193
　　第一节　电流做功 ……………………………………………………… 193
　　第二节　电流做功的快慢 ……………………………………………… 195
　　第三节　测量电功率 …………………………………………………… 198
　　第四节　科学探究：电流的热效应 …………………………………… 201

第十七章　从指南针到磁浮列车 / 205
　　第一节　磁是什么 ……………………………………………………… 205
　　第二节　电流的磁场 …………………………………………………… 207
　　第三节　科学探究：电动机为什么会转动 …………………………… 209

第十八章　电能从哪里来 / 212
　　第一节　电能的产生 …………………………………………………… 212
　　第二节　科学探究：怎样产生感应电流 ……………………………… 216

第十九章　走进信息时代 / 221
　　第一节　感受信息 ……………………………………………………… 221
　　第二节　让信息飞起来 ………………………………………………… 223
　　第三节　踏上信息高速公路 …………………………………………… 225

第二十章　/ 228
　　第一节　能量的转化和守恒 …………………………………………… 228
　　第二节　能源的开发和利用 …………………………………………… 231
　　第三节　材料的开发与利用 …………………………………………… 234

上篇 八年级物理导学案

第一章　打开物理世界的大门

第一节　走进神奇

【学习目标】

通过一些典型事例体会自然中的神奇；通过生活中一些不起眼的小事感受到生活中的神奇，而这些神奇则是人类智慧的结晶；通过解释一些神奇现象，知道通过学习科学，这些神奇是可以得到解释的。

【学具】

多媒体设备、水、塑料瓶、塑料绳、玻璃杯、磁铁、铁钉、三棱镜、光源漏斗、乒乓球

【学习过程】

一、发现美

在自然界中有很多神奇的现象，请同学们列举几个例子：

二、各美其美（美美与共）

1. 请看课本中的图示，并回答下列问题：

（1）浩瀚太空，群星闪烁，它们从哪里来到哪里去？我们生活的地球在宇宙的什么地方？

（2）当夕阳西下时，天边为何常有红色的霞光？

（3）天公"发怒"是怎么回事？雷雨过后为什么经常会出现彩虹？

（4）生发万物的大地，为什么有时会山崩地裂，喷吐岩浆？

（5）江河为何有时也会"发怒"？

（6）巍巍雪山，高耸入云，为何甚至一声喷嚏就可能导致雪崩？

（7）风是怎样形成的？

2．在我们生活中也会出现其他神奇现象。结合课本图示你在生活中见到了哪些神奇的现象？

3．看几个有趣的现象。
实验一：散开的塑料绳用干燥的手捋几下，会有什么现象？塑料绳不仅不能合拢，反而会膨胀开，有趣吗？

实验二：放大镜。
一矿泉水瓶中装水。把手指放到瓶后面观察，手指变粗了；透过矿泉水瓶看书上的字，字变大了，这又是怎么回事呢？

三、展示美

把以上问题的猜想和小组讨论的结果反馈给全班同学，并聆听老师的评价。

四、实现美

写出你见到或听到的一些神奇的物理现象（至少10个，书上没有的）

第二节　探索之路

【学习目标】

了解古人对神奇现象的探究；了解物理学发展的几个重要阶段；知道自然是神奇的，人们的探索历程则是漫长、曲折并富有意义的；知道科学研究方法、科学态度和科学精神，培养学生创新意识。

【学习重难点】

物理学发展的几个重要阶段；科学研究方法、科学态度和科学精神，培养创新意识。

【学习过程】

一、发现美

1. 古文明中的科学思考。

自然界、日常生活中有许多神奇现象。面对这些现象，人们感到迷茫、好奇、敬畏，人们渴求去探究其原理。远古的先人们早就开始思索自然界的神奇现象，而那些能直接刺激感官（如眼睛和耳朵）的神奇现象则最能引起人们的注意。

2. 看书提出问题。

二、各美其美（美美与共）

1. 象形文字。
（1）甲骨文"声殳"的构成
观察其结构，讨论描述其来历。
（2）纳西族东巴象形文字"晒干"
讨论说说其意义
2. 古人设想的宇宙模样。
看图，并阅读有关内容。
3. 世界各地的文物古迹：雕刻玉版、石头阵
先看图、阅读文字。

三、展示美

1. 结合自己的理解和小组讨论，给全体学生反馈认知情况，聆听他人评价。
2. 听老师介绍"英格兰巨石阵"。
3. 物理学的进步之阶。

讲述：灿烂的古代文明闪烁着古人朦胧的理性之光，也为人们科学地认识世界奠定基础。在物理学发展的漫长历程中，不少前辈作出了卓越贡献。

四、实现美

讨论：你认为物理学的发展可划分为几个阶段？
第一阶段：_____。

第二阶段：_____。
第三阶段：_____。

第三节　站在巨人的肩膀上

【学习目标】

了解物理知识的一些现代应用；了解科学探究的主要环节；了解物理学家的科学精神与伟大情怀。

【学习重难点】

科学探究的主要环节；初步理解科学探究的主要环节。

【学习过程】

一、发现美

1. 阅读课本内容。

根据课本内容，结合自己的理解完成如下填空：

（1）物理学就是研究自然界的_____，_____，_____的自然科学。物理学的知识和研究方法已被广泛应用到现代通讯、_____，_____，____等领域。

（2）科学探究的环节有：_____
____。

（3）爱因斯坦与波尔长达20年的科学论战向世人说明，科学探究要善于_____，敢于_____，也敢于_____或_____自己的错误观点。

二、各美其美（美美与共）

活动一：简单列举出物理学知识在下列领域所取得的成就。

航天领域：

激光技术：

信息技术：

三、展示美

对以上的列举反馈给其他同学,并聆听其他同学及老师的评价。

四、实现美

描述:我们"站在巨人的肩膀上",就是要我们做到哪些?大家在小组讨论后互相反馈交流。

第二章 运动的世界

第一节 动与静

【学习目标】
通过探究知道参照物的概念；知道物体的运动和静止是相对的。

【学习重点】
理解机械运动的概念。

【学习难点】
参照物概念的理解及参照物的判断。

【学习过程】

一、发现美

活动一：运动的描述
1．阅读课本回答下列问题：
人们用哪些方式描述运动世界的？

2．讨论下列问题：
（1）小明背着书包向学校走去了。
（2）小刚骑自行车从校门口过去了。
（3）小王提着篮子从门口走进来了。
从上面的三句话中，你认为哪些物体是运动的，你判断的理由是什么？

从以上结论你得出机械运动的定义是：

二、各美其美（美美与共）

活动二：了解参照物

把课本放在桌上，课本上放一把尺子，推动课本使课本沿桌面运动。讨论回答：

1. 选取课桌作标准，尺子和课本是运动还是静止？
   _____

2. 选择课本作标准，尺子和课桌是运动还是静止？
   _____

3. 选择尺子作标准，课桌和课本是运动还是静止？
   _____

从以上描述物体是运动还是静止，我们要看是以哪个物体做标准。这个 _____ 的物体叫参照物。

（1）描述拖拉机的运动情况：

选取地面做参照物，拖拉机是 _____ 的；

选取收割机做参照物，拖拉机是 _____ 的。

从而得出：在讨论物体的运动和静止时，要看以哪个物体作参照物，选择的参照物不同，它的运动情况就可能 _____。这就是 _____。

4. 对于参照物的选择你有哪些了解？

三、展示美

向其他同学或老师提出疑问。

四、升华美

1. 有关参照物的说法正确的（　　）

   A、运动的物体不能做参照物

   B、只有固定在地面上的物体才能做参照物

   C、任何物体都可以作参照物

   D、研究某一物体的运动，必须选定参照物

2. 古代有人用诗词来描写运动的相对性："满眼风波多闪烁，看山恰是走来迎。仔细看山山不动，是船行。"第一句是选 _____ 为参照物的，第二句是选 _____ 为参照物的。

3. 歌词"小小竹排江中游，巍巍青山两岸走"中，前半句描述的场景所取的参照物是_____，后半句所取的参照物是_____。

五、实现美

1. 下列现象中不属于机械运动的是（　　）

  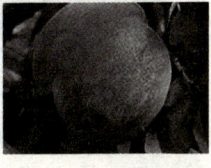 

A. 蛟龙号下潜　　B. 嫦娥二号奔月　　C. 桃树生长　　D. 日本海啸

图 2-1

2. 有位诗人坐船远眺，写下了著名的诗词："满眼风光多闪烁，看山恰似走来迎；仔细看山山不动，是船行。"诗人在诗词中前后两次对山的运动的描述，所选择的参照物分别是（　　）

A. 风和水　　B. 船和地面　　C. 山和船　　D. 风和地面

3. 一个人骑车由南向北行驶，这时有辆汽车也由南向北从他身旁疾驶而去，若以这辆车为参照物，此人（　　）

A. 向北运动　　B. 向南运动　　C. 静止　　D. 运动方向无法确定

4. 观察图中的烟和小旗，关于甲、乙两车相对于房子的运动情况，下列说法正确的是（　　）

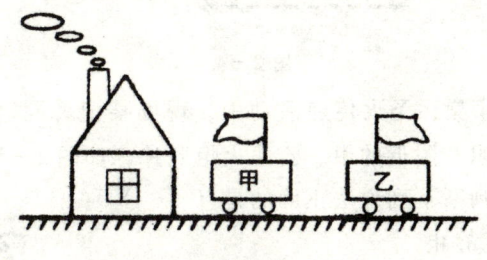

图 2-2

A. 甲、乙两车一定向左运动
B. 甲、乙两车一定向右运动
C. 甲车可能运动，乙车可能向右运动
D. 甲车可能静止，乙车向左运动

5. 如图所示，有风的夜晚观看天空的云和月亮，有时感到云把月亮慢慢盖住，我们是以_____为参照物，有时我们感到月亮往云里钻是以

_____为参照物。

图 2-3

6. 神舟十号飞船搭载航天员聂海胜、张晓光和王亚平于 2013 年 6 月 11 日 17 时 38 分，由长征二号 F 改进型运载火箭成功发射，再次实现手动操作与天宫一号对接，对接前神舟十号飞船向天宫一号靠近时以"神十"飞船为参照物航天员是_____的，以天宫一号为参照物航天员是_____的，说明运动和静止是_____的。

7. 观察图 2-4 所示的小旗，判断船相对于岸上的楼房的运动状态有哪几种可能？

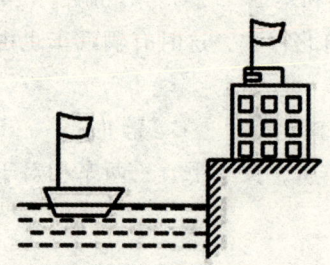

图 2-4

8. 在 2008 北京奥运圣火传递活动中，现场某记者同时拍下了固定在地面上随风飘动的旗帜和附近的甲、乙两火炬照片，如图 2-5 所示。根据它们的飘动方向，可以判断下列说法正确的是（　　）

　　A. 甲火炬一定静止
　　B. 甲火炬一定向右运动
　　C. 乙火炬一定静止
　　D. 乙火炬一定向左运动

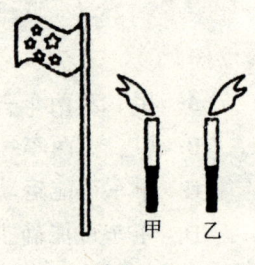

图 2-5

第二节 长度与时间的测量

【学习目标】

知道国际单位中长度与时间的基本单位；会进行常用长度、时间单位的换算；能利用生活常见的一些周期现象估测时间；会正确使用手表或停表测量时间；能利用生活中已知长度的物品进行长度的估测；会正确使用带毫米刻度的刻度尺测量长度；会正确记录测量所得的数据，知道测量存在误差。

【学习重点】

理解机械运动的概念

【学习难点】

参照物概念的理解及参照物的判断

【学习过程】

一、发现美

活动一：阅读课本回答下列问题。

1．什么叫国际单位制？

2．长度的测量工具是什么？长度的国际单位是什么？还有哪些长度单位，它们与国际单位的换算是什么关系？

3．时间的测量工具是什么？时间的国际单位是什么？还有哪些时间单位，它们与国际单位的换算是什么关系？

二、各美其美（美美与共）

活动二：测量活动

1．在使用刻度尺前你认为要注意哪些问题？

2. 在使用刻度尺时你认为要注意哪些问题？

3. 每位同学用刻度尺测量物理课本的长和宽？他们的测量如果会一样吗？为什么呢？我们如何去减少误差？

活动三：估测活动
对我们身边的物体先估计它的长度，然后选择适当的测量工具进行测量，看一看与你估测的能力，感观 1 m 、1 dm 1 cm 的长度。

活动四：长度测量的一些特殊方法
交流讨论用刻度尺如何测量下列物体
1. 河水的深度。　　　　　2. 弯曲的铁丝的长度。
3. 乒乓球的直径。　　　　4. 测量一张纸的厚度。

活动五：时间的测量
你了解秒表的使用方法吗？如何读数？

三、展示美

大胆向老师提出质疑。

四、升华美

1. 下列有关误差的说法中．正确的是（　　）
A. 多次测量取平均值可以减小误差
B. 误差就是测量中产生的错误
C. 只要认真测量，就可以避免误差
D. 选用精密的测量仪器可以消除误差
2. 给下列各物体的长度填上合适的单位：
（1）中学生的身高 1 700 _____；
（2）物理课本的宽为 1.85 _____；
（3）人眨一次眼经历的时间大约是 0.4 _____。
3. 完成单位换算：
（1）一张纸的厚度是：70 μm = _____ nm = _____ m

（2）1.5 h = _____ min = _____ s

4. 如图 2-6 所示，木块的长度分别为_____cm、_____cm；如图该停表所示的时间为_____。

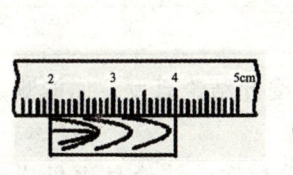
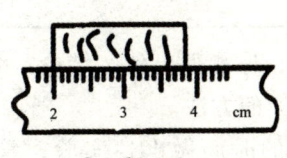

图 2-6

5. 有五名同学先后对一物体进行五次精确测量，记录结果如下：14.72 cm，14.71 cm，14.82 cm，14.73 cm，14.73 cm。根据数据分析，刻度尺的分度值是_____，其中有一次记录结果是错误的，它是_____，本次测量的结果应记作_____。

6. 张林同学用一把如图 2-7 所示的刻度尺测量物理书的宽度，他的测量方法如图，图中 A 是他观察读数时眼睛的位置，请指出张林同学测量中的四个错误之处。

（1）_____；
（2）_____；
（3）_____；
（4）_____。

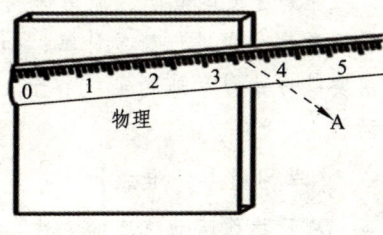

图 2-7

五、实现美

1. 请写出用刻度尺测量地图上北京到上海铁路线长度的方法以及如何计算出铁路实际距离。（辅助器材不限）

2. 在晴朗的天气情况下，站在太阳下我们都能找到自己的影子，你和你的小伙伴的影子一样吗？影子的长短跟身高有什么关系吗？和你的伙伴量量看（建议 4 人一组）。

（1）说说你的实验方案。
（2）你需要什么器材？
（3）请将测量的数据填在下表中。

	身高/cm	影长/cm	身高：影长
甲同学			

续表

	身高/cm	影长/cm	身高：影长
乙同学			
丙同学			
丁同学			

（4）根据数据分析，你能得出什么结论？受此结论启发，你能测量出学校旗杆的高度吗？说说你的方法。

（5）请你们在不同的时间做上述实验，看看你的结论是否仍成立。除此，你还有什么新发现？在生活中可以利用这一点帮助你吗？说说看。

（6）你自己能测出自己的影子吗？就此谈谈你的感想。

第三节 快与慢

【学习目标】

理解速度的概念，能用速度描述物体的运动；了解测量速度的一些方法，能用速度公式进行简单计算；知道匀速直线运动和变速直线运动的特点；会用实验方法科学地判定一个直线运动的物体是处于匀速运动状态还是变速运动状态。

【学习重点、难点】

测量物体运动速度的方法

【学习过程】

一、发现美

1. 怎样比较物体的快慢。

观察课本图2-23，思考生活中我们是怎样比较运动的快与慢呢？

2. 想一想。

在物理学中，速度就是表示物体运动快慢的物理量，你能尝试给速度下个定义吗？

自学课本回答下面问题：速度的定义_____，公式_____。

二、各美其美（美美与共）

1. 试一试。

（1）你能根据路程和时间的单位得出速度的单位吗？自学课本来读一读速度的单位，阅读信息窗了解人和一些物体运动的大致速度，试着说说 1.2 m/s 的物理意义。

（2）1 m/s = _____ km/h，1 km/h = _____ m/s
比一比看谁换算的对？

2. 做一做。

（1）玩具小车在 12 秒内运动了 6 米，它的速度是多大？

3. 北京时间 8 月 23 日晚 21 点 20 分，在北京进行的 2015 年世界田径锦标赛结束了男子一百米决赛争夺，牙买加选手博尔特以 9 秒 79 的今年个人最好成绩获得冠军！这是博尔特第三次获得世锦赛男子百米冠军！这个项目的运动速度是多少？

4. 阅读课本中的信息窗了解测量速度的方法。

5. 计算课本图 2-26 小车行驶时的速度，分析小车行驶时的特点。阅读课本 28 页第一段，然后回答：
_____
_____ 称为匀速直线运动。

6. 计算课本图 2-27 天鹅飞行时的速度，分析天鹅飞行时的特点。阅读课本 28 页第一段，然后回答：
_____
_____ 称为变速直线运动。

三、展示美

向其他同学或老师提出疑问。

四、升华美

1. 速度是用来表示物体 _____ 的物理量，速度越大，表示物体运动越 _____。

2. 小明沿直线匀速步行 1 min 通过的路程是 72 m，则它的速度为 _____ m/s，其物理意义为 _____。

3. 比较物体运动快慢的方法通常有两种，其中图1甲是 _____；图1乙是 _____。

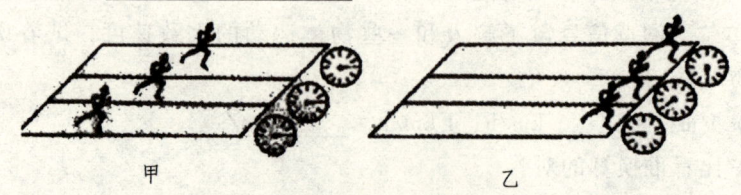

图 2-8

4. 一辆小汽车在平直的公路上行驶，在这条公路上任意取如图2-9所示的5段路程，并将小汽车通过的各段路程及所对应的运动时间记录下来，据此可判断，小汽车在这整个路程中作 _____ 运动。

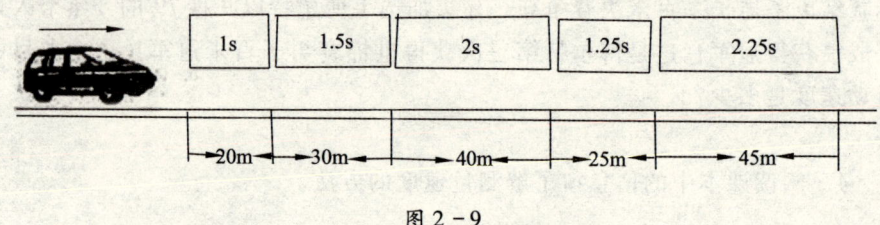

图 2-9

5. 如图2-10所示是汽车上的速度表，一辆小汽车以此速度从玉屏驶向贵阳，若玉屏至贵阳约为 3.2×10^5 m，则（　　）

   A. 该汽车的行驶速度是 80 m/s

   B. 该汽车的行驶速度是 80 m/h

   C. 该汽车的行驶速度是 80 km/s

   D. 该汽车只要 4h 就可到达贵阳

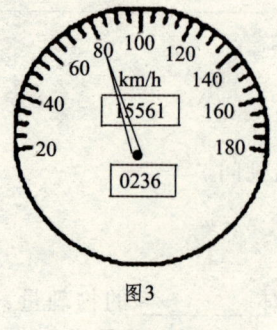

图3

图 2-10

6. 如图 2-11 所示是我市部分中小学投入使用的新型安全校车，这种校车的性能完全符合校车 12 项安全标准。中考期间，××中学的学生乘坐这种新型安全校车到 9 km 外的考点参加考试，校车行驶了 15 min 后安全到达考点。求：校车在送考过程中的平均速度。

图 2-11

7. 聪一家去旅游，在北京市郊公路的十字路口，他看到图 2-12 所示的交通标志牌，标志牌上的数字"40"表示的意思是 _____，汽车在遵守交通规则的前提下，从此标志牌处匀速到达北京，最快需要多少小时。

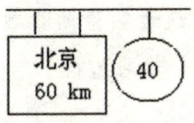

图 2-12

8. 某人乘坐出租车在平直的公路上匀速行驶，图 2-13 为他乘车到达目的地时的车费发票的部分内容。求：

（1）出租车行驶的时间为多少？
（2）出租车行驶的速度为多少？
（3）若出租车以此速度匀速行驶半小时，则所通过的路程是多少？

TAXI 车费发票	
车号码	沪 A-8888
日期	2014-3-28
上车	10：00
下车	10：10
单价	2.40 元
里程	6.0 km
金额	18.00 元

图 2-13

9. 汽车从 A 站出发，以 90 km/h 的速度行驶了 20 min 后到达 B 站，又以 60 km/h 的速度行驶了 10 min 到达 C 站，问（1）AB 两站相距多远？（2）汽车从 A 站到 C 站的平均速度？

五、实现美

通过本节内容的学习,同学们设计一个方案测量自己家到学校的距离。

第四节 科学探究:速度的变化

【学习目标】

学习采用将路程或时间分成若干段的方法来研究速度的变化;认识科学探究活动;培养对物体运动快慢判断的能力。

【学习重难点】

通过实验测量数据,会正确记录数据。

【学习过程】

一、发现美

猜想速度的变化与哪些因素有关?

二、各美其美(各美其美)

(一)问题的提出

如图 2-14 所示,一辆小车从斜面上滑下。

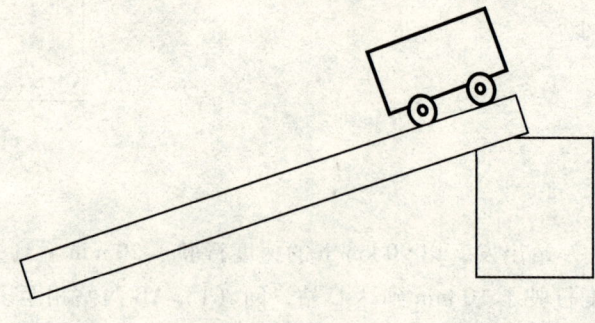

图 2-14

根据小车在斜面上滑下情况提出问题：_____。

（二）猜想与假设

根据你的生活经验，你做出的猜想是：_____
_____。

（三）制订计划与设计实验

1．制订计划：根据我们前面的学习，我们要想研究小车在斜面上速度的变化，我们可以采用分段的方式把斜面_____，然后分别测量小车运动的_____，再利用速度公式_____计算出小车的_____。（在上图画出示意图）因为要计算小车的速度，根据速度公式需要测量小车运动的_____和_____，我们要选择的实验器材是_____。

2．思考。

（1）小车运动的距离是哪一段呢？请你在图中标出来

（2）在我们分的时候，你是把时间分成两段还是把路程分成两段？在图上标出来并写上分段的大小。

（3）你是如何测量上边一段的时间的？

（4）我们该如何测量下面一段的时间？是把小车放在中间松手后直接测量吗？

3．实验表格。

在这个实验中我们应该测量什么？需要计算什么？你觉得记录实验数据的表格应该包含有哪些项目？请把实验表格画在下面的空白处。

（四）进行实验与收集数据

根据刚才的分析与研究，进行实验，把测得的数据记录入刚才设计的表格注意：对于在实验中的发现以及有什么改进方法可以记录在下面的空格处，实验后与同学们交流。

（五）处理数据、分析论证、得出结论

根据自己记录的结果，把小车不同时候的速度计算出来，得出结论。

我的结论是：_____。

（六）评估交流

1．对比其它同学的结论，看是否与你相同？

2．与同学交流一下实验的经验？

三、展示美

把自己知道的和其他同学分享，并向老师提出疑问。

四、升华美

1．A、B两车都做匀速直线运动，A车通过450 m用了30 s，而B车通过9 km用了12 min，那么速度快的为_____车。

2．一辆小汽车在平直的水平公路上行驶，在这条公路上任意取如图2－15所示的5段路程，并将小汽车通过的各段路程及对应的时间记录下来。据此可判断：小汽车在这5段路程中做_____运动，速度大小是_____m/s。

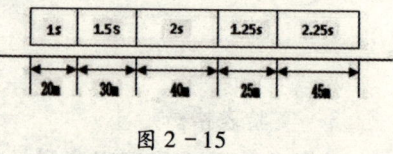

图2－15

3．如果铁路钢轨每根长25 m。火车行驶过程中，若在45s内听到车轨与钢轨接头处的撞击声30次，那么火车的速度是_____km/h。

4．关于平均速度，下列说法正确的是（ ）

A、只要求出某一段路程中的平均速度，便可知整个路程中的平均速度

B、平均速度就是速度的平均值

C、平均速度一定要指明是哪一段路程或哪一段时间以内的

D、前一段路程中的平均速度比后一段路程中的平均速度小

5. 一物体从静止开始做逐渐加快的变速运动,测得它最后 3 m 所用的时间为 0.5 s,则下面哪个数据可能是全程的平均速度?( )

A、3 m/s   B、6 m/s   C、6.3 m/s   D、0

6. 在北京和杭州之间对开着一对特快列车 T31 和 T32,表中所列是这两次列车的时刻表,请回答下列问题:

(1) T31 列车从济南到蚌埠的平均速度是多少 km/h?

(2) T32 列车从杭州到北京的平均速度是多少 km/h?

T31 北京→ 杭州特快	车次 自北京起 公里	站名	T32 杭州→ 北京特快
15:50	0	北京	— 13:20
20:21 29	497	济南	41 8:33
1:16 24	979	蚌埠	54 3:46
5:45 53	1458	上海西	24 23:16
7:30 —	1664	杭州	21:40

7. 一物体沿直线运动的路程—时间图像如图 2-16 所示,根据图像说明在图示的时间内物体的运动情况,在各阶段物体的运动速度分别为多大?

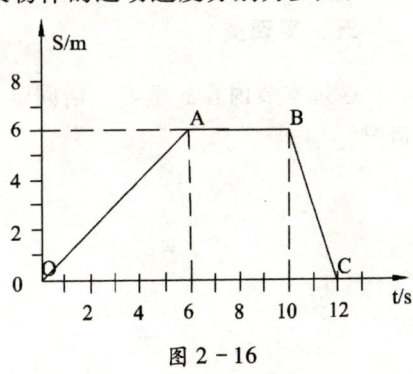

图 2-16

8. 如图 2-17 所示，是甲、乙两物体运动速度随时间变化的图像，根据图像，可以获取两物体运动情况的信息有：

（1）甲物体速度比乙物体速度_____；

（2）两物体都做_____运动。

（3）若甲、乙同时运动 0.5 min，则甲物体比乙多走多少米？

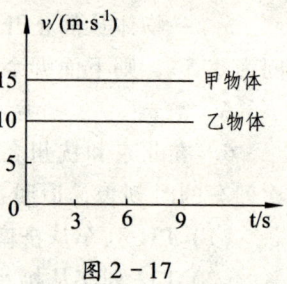

图 2-17

9. 如图 2-18 所示，观察甲、乙两个物体运动的速度图像，回答下列问题：

（1）记时开始时，即 t=0 时，甲的速度是_____m/s，乙的速度是_____m/s。

（2）第 3 s 时，甲的速度是_____m/s，乙的速度是_____m/s。

（3）甲、乙两个物体分别做_____运动和_____运动。

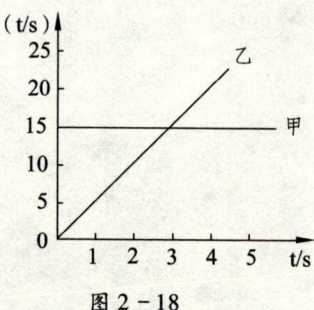

图 2-18

10. 西宝高速公路上，一辆小轿车以 108 km/h 的速度匀速行驶，司机突然发现前方有情况，0.6 s 后开始刹车减速慢行，又经 4.4 s 滑行了 52 m，轿车停止。求司机从发现情况到车停止这一过程中车的平均速度。

五、实现美

通过本节内容的学习，请同学们根据科学探究的方法探究物体下落速度情况？

第三章 声的世界

第一节 科学探究：声音的产生与传播

【学习目标】

通过实验探究，初步认识声音产生和传播的条件；知道声音传播需要介质，声音在不同介质中传播的速度不同；通过探究，培养观察能力、初步探究物理规律的能力，以及应用物理规律解释物理现象的能力等。

【学习重难点】

发声的物体在振动；声音的传播需要介质；参照物概念的理解及参照物的判断。

【学习过程】

一、发现美

猜想：声音是怎样产生的？
　　　声音是怎样传播的？

二、各美其美（美美与共）

活动一：声音是由物体振动产生的
亲身体验请完成以下实验。
1. 拨动张紧的橡皮筋，观察橡皮筋的变化。
2. 边说话、边用手摸颈前喉头部分。
3. 敲响音叉，然后把它贴近脸颊。
根据刚才的亲身体验
提出问题：_____。

猜想与假设：_____。

设计实验

下面我们用实验来验证我们的猜想。你的地盘你做主,请学生利用桌面上的器材(音叉、直尺、乒乓球、桌子、水、碎纸屑等)自行设计实验,让它们发出声音。

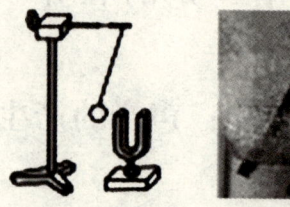

3-1

想一想 有些物体的振动能观察到如张紧橡皮筋的振动,但有些振动观察不到,你能想办法说明振动的存在吗?

方法一:证明鼓面的振动

在发声物体表面撒一些碎纸屑;

方法二:证明音叉的振动

1. 用乒乓球靠近发声的音叉。
2. 将发声的音叉放入水中。

进行实验

分析论证

各小组收集实验信息,完成表格内容,并对实验现象进行分析。

发声体	现象	结论
如音叉	发声的音叉弹开乒乓球	发声的音叉在振动

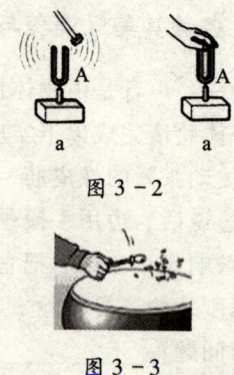

图 3-2

图 3-3

结论:你能总结出发声体发声时的共同特征吗?

交流与评估　汇报交流后归纳出_____。

实验　用力敲击音叉，使音叉发声，然后用手扶住敲响的音叉，进行对比，两次听到的声音为什么不同？

课外延伸

下列动物靠什么发声的？

活动二：声音的传播

真空铃实验（视频）。

通过真空铃实验，你能得到什么结论？

演示实验

（1）声音在液体中的传播。

用密封盒将发声的手机密封，放入水中。你能听到声音吗。

举出实例

举出其他利用液体传声的例子。

（2）声音在固体中的传播。

同学间合作，一个同学轻敲桌面，另一个同学捂住一只耳朵，把另一只耳朵贴在桌面上听。

图3-4

举出实例

举出其他利用固体传声的例子

通过以上实验探究你可以得出什么结论：

活动三：了解声速

阅读课本"声速"部分，了解声音在不同介质中的传播速度。

物质	实验次数	质量（g）	体积（cm³）	质量/体积（g/cm³）
铁块	1	78	10	7.8
	2	156	20	7.8
	3	234	30	7.8

图 3 - 5

阅读表格里的数据你能获得声速的哪些信息？

了解人是怎样听到声音的。

三、展示美

提出疑问，相互交流。

四、升华美

1. 北京奥运会开幕式上声势浩大的"击缶而歌"精彩绝伦，缶声是由于缶面的_____产生的，然后通过_____传播到观众耳朵中。

2. 通常情况下，声音在固体中比在液体中传播得_____，声音在水中比在空气中传播得_____。15 ℃时声音在空气中的传播速度是_____m/s。

3. 如图所示的实验现象表明_____。

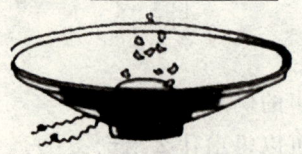

小纸片在播音的扬声器中跳动

图 3 - 6

4. 2011年5月10日出版的《解放军报》刊发题为《亚丁湾，记者体验护航"十八般兵器"》的报道称，中国海军第五批护航编队的护航舰艇上，出现了一种神秘的声波武器——"金嗓子"对索马里海盗构成了有效威慑。若要阻挡这一武器的袭击，可以用薄薄的一层（　　）

图 3-7

A. 半导体网　　　　　B. 磁性物质网
C. 真空网　　　　　　D. 金属物质网

5. 如图所示，将一块正在发声的小音乐芯片放在注射器中，再将活塞推到底端，用橡胶帽封闭注射口，然后用力往外拉活塞，这时听到注射器中音乐芯片的声音会变_____；其声音是通过_____传入人耳。

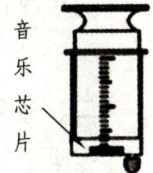

图 3-8

6. 2010年3月28日王家岭煤矿发生透水事故，救援工作迅速展开。4月2日下午，事故矿井下发现有生命迹象，原来是被困人员通过敲击钻杆，发出"当当"的求救信号，这是因为_____传声效果比气体好。

7. 运用声呐系统可以探测海洋深度。在与海平面垂直的方向上，声呐向海底发射超声波。如果经4 s接收到来自大海底的回波信号。则该处的海深为_____m（海水中声速是1500 m/s）。但是，超声波声呐却不能用于太空测距（比如地球与月球的距离）。这是因为_____。

五、实现美

同学们通过本节课的学习后，你对声音有了解吗？去观察了解一些动物是靠什么发声的？

第二节　声音的特性

【学习目标】

知道什么是乐音和噪声；从生活经验中体会声音的三个特征，并用实验验证影响声音的特征的主要因素；了解防治噪声的途径。

【学习重难点】

在探究中体会和理解音调、响度、音色的概念及其相关因素；音调与响度的区分。

【学习过程】

一、发现美

请同学们根据生活中的一些动物发出的声音，分析它们有什么不同，我们可以把声音分为哪几类？

二、各美其美（各美其美）

活动一：探究响度

分别轻轻敲击鼓面和用力敲击鼓面。请辨别声音的变化有什么不同。

根据上面的实验，你猜想什么因素决定声音的响度呢？

猜想：

你将如图正在发声的音叉轻触系在细绳上的乒乓球，观察乒乓球弹开的幅度；使音叉发出不同响度的声音，重做上面的实验。

提问：你观察到什么现象？乒乓球的作用是什么？

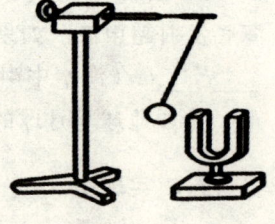

图 3-9

由以上实验你可以得出什么结论？

将手机铃声调到合适音量后，从讲台走到教室后面，再返回讲台。同学们听到的声音会有什么变化？

上面实验说明了什么？生活中如何增大声音的响度？

活动二：探究音调

从多媒体中播放视频，从视频中同学们听到的声音有什么不同？

我们接触到的各种声音有的高有的低，在物理学中，把声音的高低叫做音调。声音为什么会有音调高低不同？什么因素决定音调的高低呢？

如图所示，将一把钢尺紧按在桌面上，一端伸出桌面，拨动钢尺，听它振动发出的声音，同时注意钢尺振动的快慢，改变钢尺伸出桌面的长度，再次拨动钢尺。比较两种情况下钢尺振动的快慢和发声的音调，它们之间有什么关系？（强调：两次实验要用相同大小的力）

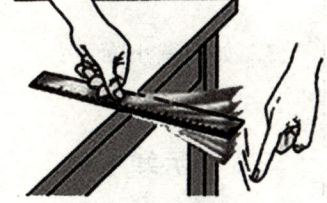

图3-10

填写记录表格

钢尺伸出长度	振动快慢	声音高低
伸出 5 cm		
伸出 10 cm		
伸出 15 cm		

从以上的数据中你可以得出什么结论：

活动三：探究音色

小组同学闭上眼睛，找一名同学分别说一句话，猜猜分别是哪位同学的声音，你是怎样分辨出不同声音的？仅仅是根据音调和响度吗？

得出结论：

活动四：探究噪声

阅读课本回答下列问题：

1. 噪声来源哪些地方？

2. 噪声的有哪些危害？

3. 如何减小噪声？

三、展示美

对以上的列举给其他同学反馈，并聆听其他同学及老师的评价。

四、升华美

1. 牛的叫声与蚊子的叫声相比较，下列结论正确的是（   ）

A、牛叫的声音音调高，响度大

B、牛叫的声音音调低，响度小

C、牛叫的声音音调高，响度小

D、牛叫的声音音调低，响度大。

2. 男低音独唱时由女高音轻声伴唱，则男低音比女高音（   ）

A、音调低，响度大　　　　　B、音调低，响度小

C、音调高，响度大　　　　　D、音调高，响度小

3. 下列关于声音的说法中不正确的是（   ）

A、"震耳欲聋"主要说明声音的音调高

B、"隔墙有耳"说明固体也能传声

C、"闻其声而知其人"主要是根据音色来判断的

D、"轻声细语"主要说明声音的响度小

4. 有一种专门存放贵重物品的"银行"，当人们存放了自己的贵重物品后，要用仪器记录下自己的"手纹""眼纹""声纹"等，以便今后用这些细节独有的特征才能亲自取走物品，防止被别人取走。这里的"声纹"记录的是人说话的（   ）。

A、音调　　　B、响度　　　C、音色　　　D、三者都有

5. 如图3-11所示，拿一张硬纸片，让它在木梳齿上划过，当划得快时，纸片振动产生声音的音调_____，当划得慢时，纸片振动得_____，产生的音调_____。拨动张紧的细橡皮筋产生的音调比拨动张紧的粗橡皮筋产生的音调_____。

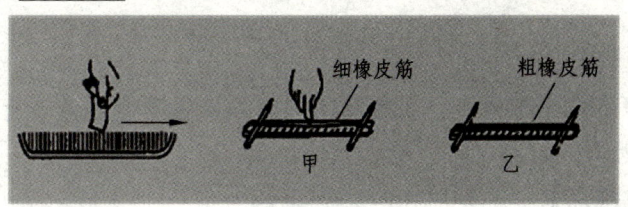

图3-11

6. 往热水瓶中灌开水时，可以根据发出声音的_____变化来判断水是否灌满；看电视时，调节音量按键实质是改变电视机发出声音的_____。

7. 蜜蜂1 min振动21 000次，则蜜蜂发声频率是_____，当它都从你耳边飞过时，你_____（"能"或"不能"）听到它发出的声音。

8. 声波可以在示波器上展现出来。先将话筒接在示波器的输入端，再将敲响的甲、乙两个音叉分别对着话筒发出声音。在示波器上出现了如图3-12所示的波形。通过对被形的分析，可知_____音叉的音调高。

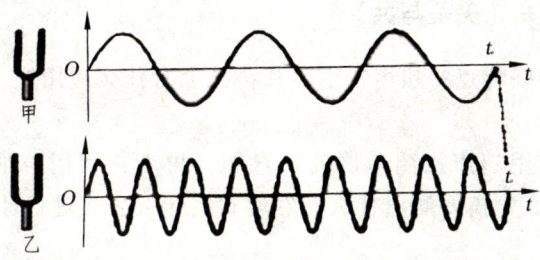

图3-12

五、实现美

同学们通过本节课的学习后，以生活中的噪声为主题写一份社会调查报告。

第三节 超声与次声

【学习目标】

知道超声和次声的概念；了解超声的特点及其在现代技术中的应用；了解次声的危害性。

【学习重难点】

超声的特点及其应用和超声与次声的理解。

【学习过程】

一、发现美

阅读课本思考：人的耳朵是不是能听见所有的声音？什么是超声？什么是次声？

二、各美其美（美美与共）

1．超声有哪些特点？超声在生活和科技上有什么应用？

2．观察课本用超声探测鱼群的示意图。思考：利用声呐测量海底的深度，需要知道什么？需要测出什么？然后利用什么公式进行计算？

3．你见过或听说过利用超声的仪器还有哪些？与同学或老师进行交流。以下仪器供参考：超声加湿器、超声牙刷、超声清洗器、超声雾化器、超声速度测定器。

4．哪些情况下会发生强烈的次声？

5．次声有哪些危害？如何防治次声对人的危害？

6．次声除了危害以外，能不能为人类所利用？

7. 同样在你身边飞过的苍蝇和蝴蝶，为什么仅凭听觉你只能发现苍蝇而不能发现蝴蝶？

三、展示美

把以上知道的问题给其他同学反馈，并聆听其他同学及老师的评价

四、升华美

1. 正常人的耳朵只能听到_____ Hz 到_____ Hz 的声音。通常把高于_____ Hz 的声波叫超声，低于_____ Hz 的声波叫次声。

2. 下列说法正确的是（　　）
A、人耳听不见超声波和次声波，但有的动物能听见
B、次声波对人类有百害而无一利
C、通过监测超声波，可以监测火山爆发
D、用超声波照射过的种子发芽期会推迟，生长期会延长

3. 下列应用不能说明超声有很强的"破碎"能力的是（　　）
A、利用超声清洗精细机械
B、医生利用"B超"检查病人的病情
C、利用超声对医疗器械进行杀菌消毒
D、利用超声除去人体内的结石

4. 利用超声可探测海洋的深度．已知声波在海水中的传播速度是 $1.5×10^3$ m/s，若从船上竖直向下发出超声，6 s 后接收到从海底反射回来的超声，则海底深度是多少米？

5. 地震前许多动物有反常行为，这是什么原因？利用动物的这些行为对我们有什么用？

五、实现美

同学们通过本节课的学习后，你对超声与次声有什么了解，结合今天所学的内容写一篇科普论文。

第四章 多彩的光

第一节 光的反射

【学习目标】

了解光源,知道光源的分类;理解光沿直线传播及其应用;了解光在真空和空气中的传播速度。

【学习重难点】

理解光沿直线传播的条件及其应用;光沿直线传播的应用。

【学习过程】

一、发现美

(一)光源

观察下列图片:

图 4-1

在以上图片中你发现有哪些共同点。

(二)光的直线传播

1. 用激光笔发出激光在空气中传播,观察其传播路径。
2. 用激光笔发出激光射向水中,观察其传播路径。
3. 用激光笔发出激光射向玻璃中,观察其传播路径。
4. 光在不均匀的蔗糖水溶液中传播

从以上实验中，你观察到了什么？

总结以上的几个实验，你能得出什么结论？

二、各美其美（美美与共）

1．我们如何在书面上表示光的传播情况？请自学课本"光线"部分，思考什么是光线？光线实际存在吗？为什么引入光线？

2．光在同种均匀介质中沿直线传播，那么光沿直线传播在生产生活中有哪些应用呢？请同学们结合课本内容以及生活经验，相互讨论交流光沿直线传播的应用的例子。

3．请自学课本"光速"部分，识记光在真空中和空气中的传播速度，了解光在水和玻璃中的速度大小。

4．为什么会先看到闪电，后听到雷声？

三、展示美

向同学或老师提问，大胆发表自己的意见。

四、升华美

1．光在真空中的传播速度为_____，光在其它介质中的传播速度比真空中的传播速度要_____。（选填"大"或"小"）下雨天气，我们先看到闪电，后听到雷声，这是因为_____。

2. "立竿见影"说明光在_____是沿直线传播的。

3. 下列都是光源的一组是（   ）
   A、太阳和烛焰   B、月亮和太阳
   C、烛焰和明亮的镜子   D、电池和萤火虫

4. 车棚顶部有一个三角形的小孔，在车棚底部形成一个光斑，这个光斑是（   ）
   A. 三角形的，是太阳的影子   B. 圆形的，是太阳的实像
   C. 三角形的，是太阳的实像   D. 圆形的，是太阳的影子

5. 下列现象中不是由于光沿直线传播造成的是（   ）
   A. 先见闪电，后闻雷声   B. 坐井观天，所见甚小
   C. 一叶障目，不见泰山   D. 日食和月食

6. 下列关于光线的说法正确的是（   ）
   A. 光源能射出无数条光线   B. 光线实际上是不存在的
   C. 光线就是很细的光束   D. 光线是用来表示光传播方向的直线

7. 某同学用两个硬纸筒探究小孔成像，如图4-2所示。

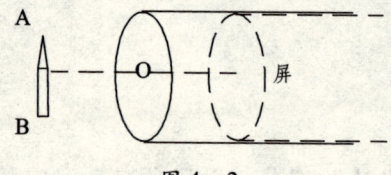

图 4-2

（1）请在图中作出蜡烛 AB 在屏上所成的像 A′B′（要求标出 A′、B′）。

（2）该同学发现蜡烛和小孔的位置固定后，像离小孔越远，像就越大，他测出了不同距离时像的高度，并将实验结果填在了表格中，根据表中的数据可以得到的结论是：蜡烛和小孔的位置固定后，像的高度 h 与像到小孔的距离 S 成_____。（选填"正比"或"反比"）。

像的高度 h/cm	1.0	2.0	3.0	4.0	5.0
像到小孔的距离 S/cm	2.0	4.0	6.0	8.0	10.0

（3）该同学知道树荫下的圆形光斑是_____通过树叶间的小孔在地面上成的像。

8. 舞蹈节目《咱们工人有力量》深受观众好评，工人们的表演气势磅礴，富有感染力，人塔顶天立地，作为塔基的工人被前面的工人挡住了（如

图4-3所示),我们看不到他们,原因是
(　　)

　　A. 光速太大
　　B. 光的直线传播
　　C. 队伍很整齐
　　D. 前面的人高

9. 小明在学习"光的传播"时,看到老师的一个演示实验,过程如下:

①用激光笔射向水中,观察到光线是一条直线;

②用漏斗向水中慢慢注入海波溶液,观察到光线发生了弯曲;

③经搅拌后,观察到光线又变直。小明根据上述现象得出的结果正确的是(　　)

　　A. 光的传播需要介质
　　B. 光只有在水中才沿直线传播
　　C. 光在海波溶液里不能沿直线传播
　　D. 光在同一种均匀介质中才沿直线传播

图4-3

五、实现美

通过本节课的学习后,你对光的直线传播有什么了解吗,留心观察生活中的现象。你会发现生活有哪些属于光的直线传播的应用,把它记录下来与同学们一起分享。

第二节　平面镜成像

【学习目标】

能说出平面镜成像的特点,会应用平面镜成像的特点分析解释简单的现象;会运用平面镜成像特点作图;了解平面镜在生活中的应用。

【学习重难点】

通过实验探究平面镜成像的特点。

【学习过程】

一、发现美

同学们几乎每天都要"照镜子",根据你的观察和使用,你能告诉大家什么是平面镜吗?

请举出除了生活中的镜子,还有哪些物体也可以看作平面镜?

二、各美其美(美美与共)

提出问题:
平面镜成像有哪些特点(根据生活经验)?

猜想与假设:
设计实验
(1)实验设计、对比方案。

(2)交流讨论、明确方案。
思考讨论:请对照实验桌上的器材,说出它们的作用分别是什么?说出来和同学们交流。

进行实验
1. 实验要求
(1)玻璃板一定要竖直放置,且将镀膜的一面与方格纸零刻度线重合;(2)别忘记录物、像和玻璃板的位置及实验数据,并注意观察像与物的大小;(3)为减小测量误差每组测三次实验;(4)实验时玻璃板要轻拿轻放,注意不要划破手。
2. 分组实验
请同学们利用老师提供的器材,以小组为单位合作交流进行实验,实验时要如实记录测量数据,现在开始实验,比一比哪一组做的又快又好。

	蜡烛到平面镜的距离/cm	蜡烛的像到平面镜的距离/cm	像与物大小比较	光屏能否承接到像
第一次				
第二次				
第三次				

分析论证

平面镜成像特点:(1)像到平面镜的距离与物体到平面镜的距离_____;(2)像与物体的大小_____;(3)像与物体的连线与平面镜_____;(4)平面镜成的是_____像。

评估交流

你的实验过程中,出现了哪些问题,影响了实验的正常进行,或影响了实验结论的正确得出,小组讨论和反思自己的探究过程与方法,找出实验中的不足,进行改正。

知识点二:平面镜成像的原理

通过探究我们认识了平面镜成像的特点,那么平面镜为什么会成像呢?

知识点三:平面镜的应用

(1)了解平面镜成像在生活中的应用。

(2)了解平面镜的作用可以改变光的传播方向。

知识点四:凸面镜和凹面镜

通过看书你了解到凸面镜和凹面镜有什么作用

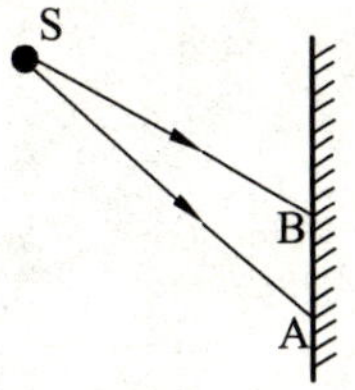

图 4-4

三、展示美

各小组交流讨论,不清楚的问题并向老师提问。

第四章　多彩的光

四、升华美

1. 小明站在平面镜前 1 m 处观察自己在镜中的像,他的像到平面镜的距离是_____m,他向后退的过程中,像的大小_____(填"变大"、"变小"或"不变")。

2. 小明利用平板玻璃、完全相同的蜡烛灯器材,探究平面镜成像特点。
(1)选用平板玻璃的目的是:_____。
(2)选取两端完全相同的蜡烛的目的是:_____。

3. 在湖边散步的小明惊奇地发现一只小鸟在水中飞翔,他所看到的是空中小鸟的_____(填"实"或"虚"像),当小鸟向高处飞行时,水中的"小鸟"将_____(填"靠近"或"远离")水面。

4. 如图 4-5 所示,平面镜前有一个发光点 S 和它发出的两条光线,请再图中作出 S 在平面镜中的像,并作出这两条光线的反射光线。

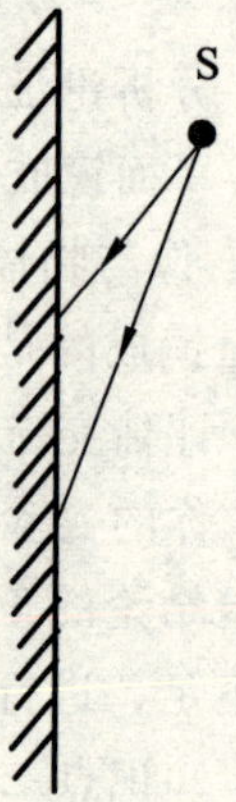

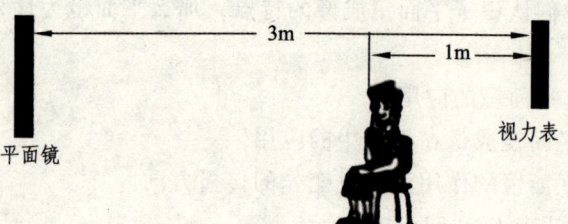

图 4-5

5. 如图 4-6 所示,是某同学检查视力时的情景,下列说法正确的是( )。

图 4-6

A. 镜中视力表的像是实像
B. 镜中视力表的像比视力表小
C. 镜中视力表的像到该同学的距离为 5 m
D. 镜中视力表的像是光的直线传播形成的

6. 指出下面各句话中的"影"所说明的光在传播过程中所遵从的物理规律。
(1)手影 (2)水中倒影 (3)立竿见影 (4)杯弓蛇影

五、实现美

迷你实验室：揭开魔术箱的秘密。

第三节 光的折射

【学习目标】

了解光的折射现象；知道光从空气斜射入水中或其它介质时的折射规律；知道在光的折射现象中，光路可逆。

【学习重难点】

实验探究平面镜成像的特点并能理解平面镜成的是虚像。

【学习过程】

一、发现美

观察教师演示图4-7所示实验。

从以上实验中同学们观察到什么现象：

结合图示介绍：

光的折射光路图中的有关概念：认识入射光线、折射光线、法线、入射角和折射角。

图4-7

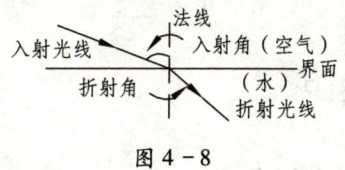

图4-8

二、各美其美（美美与共）

光的折射有哪些规律呢？
让我们继续来探究光的折射规律。

1. 提出问题：

2. 提出问题进行猜想：

3. 设计实验：

4. 进行分组实验：

5. 进行交流评估：

6. 总结光的折射规律：

图 4－9

三、升华美

1. 池水看起来比实际的要_____，这是由于光从_____射入_____时发生的_____造成的，看到的是实际池底的_____像。

2. 如图 4－10 所示是光在空气和玻璃两种介质中传播的路线，其中_____是入射光线，_____是反射光线，____是折射光线，反射角为_____，折射角为_____。

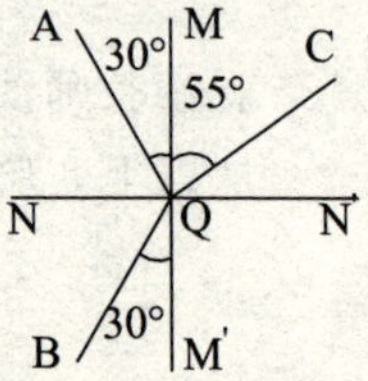

3. 当光从_____斜射入_____时折射光线将偏离法线，这时折射角_____于入射角。

4. 一束光从空气中射向某一透明介质时发生反射和折射现象，入射光与分界面的夹角为 30°，若折射光线和反射光线垂直，则反射光线与入射光线的夹角为_____°，折射角为_____。

图 4－10

5. 下列现象属于光的折射的是（   ）

A．通过潜望镜观察海面上的船只

B．观察楼房在水中的倒影

C．从水中看岸上的物体比实际位置高

D．在路灯下出现了人的影子

6. 在湖边看平静湖水中的"鱼"和"云"，看到的是（　　）
A. "鱼"是光的反射形成的虚像，"云"是光的折射形成的虚像
B. "鱼"是光的折射形成的虚像，"云"是光的反射形成的虚像
C. "鱼"和"云"都是光的反射形成的虚像
D. "鱼"和"云"都是光的折射形成的虚像

7. 在海上或沙漠上，有时会看到高楼大厦，热闹市场，实际大海、沙漠上并没有这些楼市，这种现象叫"海市蜃楼"，出现"海市蜃楼"的原因是（　　）
A. 光在海面上反射的缘故　　B. 光在云层上反射的缘故
C. 光沿直线传播的缘故　　　D. 光在大气层中折射的缘故

8. 图4-11中，容器底有一探照灯S发出一束光线投射到MN木板上，在B点形成一光斑，当向容器中注水时，光斑B将移向（　　）

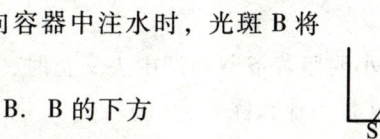

A. B的上方　　　　　B. B的下方
C. B的左边　　　　　D. B的右边

图4-11

9. 上题中，光射到水面上会发生反射和折射现象，随着水面的升高，反射光线与折射光线的夹角将（　　）
A. 越来越大　　　　　B. 越来越小
C. 不变　　　　　　　D. 无法确定

10. 如图4-12所示，一束光线从空气斜射入玻璃中，表示光折射的光路图正确的是（　　）

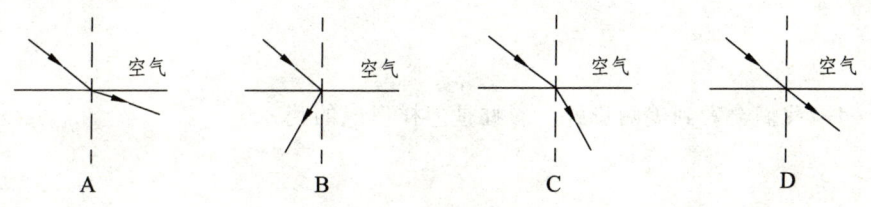

图4-12

11. 如图4-13所示，OB是一束光线由空气射到水面后的反射光线，在图中画出入射光线，标出入射角的度数，并画出折射光线的大致方向。

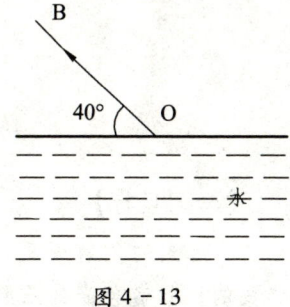

图4-13

四、展示美

相信自己,展示自己。

五、实现美

1. 当光从空气斜射向玻璃时,光传播的路径将会是怎样的呢?请画出光路图。

2. 小明跟着爷爷到湖中去叉鱼时,每次都向着他看到的鱼叉去,却屡屡不中,这是为什么呢?

作出光路图,使他们认识这一现象发生的原因:

3. 感受美的意境,并分析说明。

"掬水月在手"与"潭清疑水浅"是光什么现象。

4. 我们会看到美丽彩虹。彩虹是怎样形成的呢?

第四节 光的色散

【学习目标】

知道光的色散现象,知道白光是由红、橙、黄、绿、蓝、靛、紫七色光组成的;知道色光的三原色;了解可见光谱,以及红外线与紫外线的应用。

【学习重难点】

光的色散和色光的三原色；红外线、紫外线的应用；通过实验观察认识光的色散现象；色光的混合。

【学习过程】

一、发现美

让一束太阳光照射到三棱镜上，从三棱镜折射出的光照射到白屏上，仔细观察发生的现象。

通过以上现象能够说明什么？

归纳什么是光的色散。

通过以上学的知识解释彩虹的形成原因：

二、各美其美（美美与共）

演示实验探究：色光的三原色。

1. 用三色彩纸课前做好彩色陀螺，装在小电动机上，让它旋转起来，观察陀螺的颜色，改变陀螺表面的红、绿、蓝三色的面积大小，重复之前操作观察到不同颜色。

2. 先后打开红光、绿光和蓝光的按钮，观察两种色光混合部分的颜色。

从以上实验归纳什么叫光的三原色

3. 看书回答下列问题：
(1) 透明物体的透过的光由什么决定？

（2）不透明物体的反射的光由什么决定？

三、展示美

相信自己，展示自己。

四、升华美

1. 太阳光通过三棱镜后，被分解成各种颜色的光，如果用一个白屏承接，颜色依次是红、____、黄、____、蓝、____、紫，这是光的_____现象。

2. 色光的三原色分别是_____，等比例混合后为白色光。

3. 下列有关红外线的说法中错误的是（　　）

A、用红外线拍出的"热谱图"，有助于对疾病做出诊断

B、在步枪的瞄准器上安装夜视仪，在夜间能捕捉到敌人

C、在医院的手术室、病房里，长可以看到用红外灯来灭菌

D、红外线可以用来对仪器设备进行遥控

4. 冬天，在商店购买的红外线烤火炉，看起来它发出淡红色的光，这是因为（　　）

A、户红外线本身就是一种淡红色的光

B、烤火炉的电热丝的温度超过标准，因此在发出红外线的同时还发出少量红色的光，红外线本身是看不见的，看见的淡红色的光并不是红外线

C、红外线中有一部分是看得见的，有一部分是看不见的，看得见的那一部分只能是淡红色

D、以上说法都是错误的

5. 医院里杀菌用的紫外线灯看起来发出淡紫色的光，其原因是（　　）

A、其实那盏灯并不是紫外线灯，因为紫外线本身是看不见的

B、灯管在发紫外线的同时，还发出少量的蓝光和紫光

C、该灯管发出的紫外线与太阳发出的紫外线不同，前者是淡紫色的，后者是看不见的

D、上述说法都不对

6. 钞票的某些位置用荧光物质印上了标记，在紫外线下识别这些标记，是一种有效的防伪措施．某同学在较暗的环境中做了下列三次实验

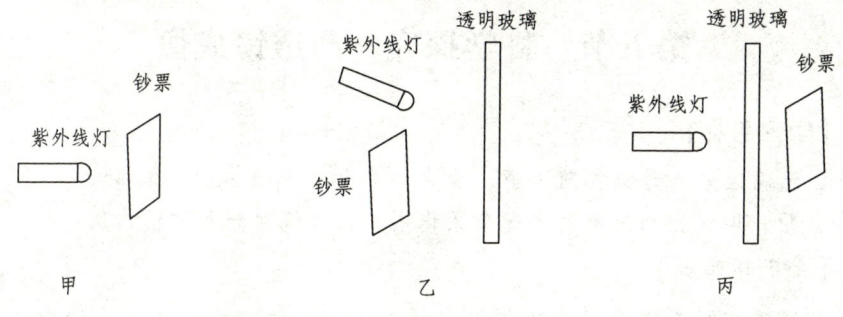

图 4-14

（1）如图 4-14 甲所示，他用紫外线灯照射面值为 100 元的钞票，看到"100"字样发光，这表明紫外线能使_____发光。

（2）如图 4-14 乙所示，他用紫外线灯照射一块透明玻璃，调整透明玻璃的位置和角度，看到钞票上的"100"字样再次发光，这表明紫外线能被透明玻璃_____。

（3）如图 4-14 丙所示，他把这块透明玻璃放在紫外线灯和钞票之间，让紫外线灯正对玻璃照射，在另一侧无论怎样移动钞票，"100"字样都不发光，他做这次实验是为了探究_____。

五、实现美

如图 4-15 所示，在太阳光下进行以下实验：在水槽中盛一些水，斜放一个平面镜，使平面镜的下部浸入水中。让一束太阳光照射到水中的平面镜上，再反射到白屏上，观察白屏上的变化。

 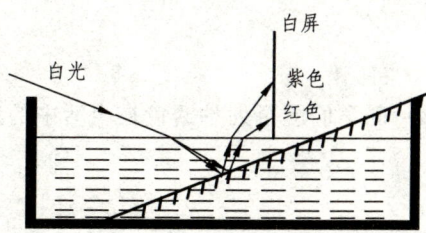

图 4-15

第五节 科学探究：凸透镜成像

【学习目标】

能正确区分凸透镜和凹透镜；能在图中标出凸透镜的主光轴、光心、焦点和焦距；能说出凸透镜对光起会聚作用、凹透镜对光起发散作用

【学习重难点】

凸透镜和凹透镜对光线的作用；测量凸透镜的焦距的方法；理解会聚、发散；会作透镜特殊光线光路图。

【学习过程】

一、发现美

（1）同学们认真观察下列透镜

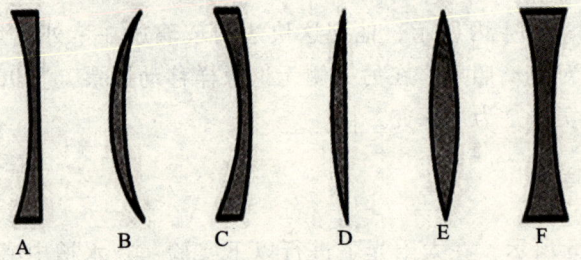

图 4-16

从以上透镜中可以看出它们什么共同点？

（2）同学们能否列举透镜在生活中的应用吗？

同学们观察下面的图 4-17，你发现透镜可以看成是怎么组成的。

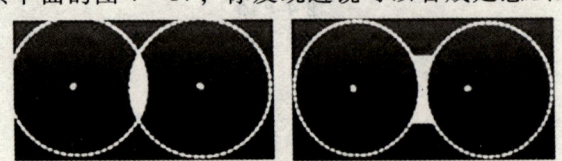

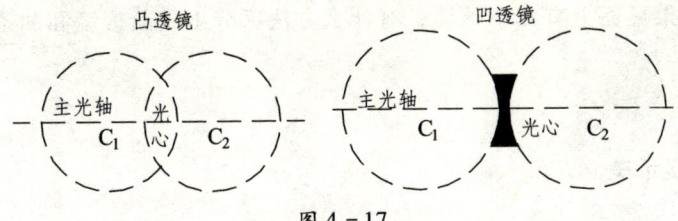

图 4-17

阅读课本,结合图片认识什么叫透镜的主光轴和光心。

二、各美其美(美美与共)

凸透镜和凹透镜对光线的作用相同吗?
实验探究
1. 简易判断凹、凸透镜对光的作用是否相同的步骤:
(1) 在距离桌面 20 cm 高处,用 LED 手电筒照桌面,观察光斑的大小。
(2) 在桌子和手电筒分别之间放置凸凹透镜看光斑的大小有什么变化?
(3) 此实验说明了什么?

2. 结合以上学习的内容作出二条平行于主光轴经透镜折射后的光路图

3. 结合作图说出什么叫焦点和焦距?

4. 认真思考透镜有几条特殊光线,试作出来?

第四章 多彩的光 049

5. 如果桌面上有几个透镜,有什么方法区分出是凸透镜和凹透镜吗?

三、展示美

向同学或老师提出问题。

四、升华美

1. 老花眼镜(远视眼镜)是_____镜,近视眼镜是_____镜。凸透镜对光线有_____;凹透镜对光线有_____。

2. 一束平行光线经过凸透镜折射后的传播方向如下图所示,由图 4-18 可知,此透镜的焦距为_____ cm。

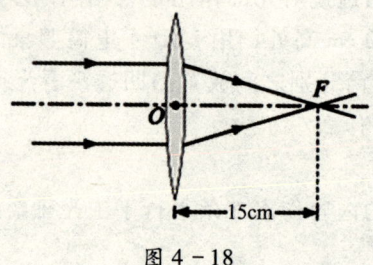

图 4-18

3. 如图 4-19 所示,一束光线通过两个透镜前后的传播方向,请在长方框中填上适当类型的透镜。

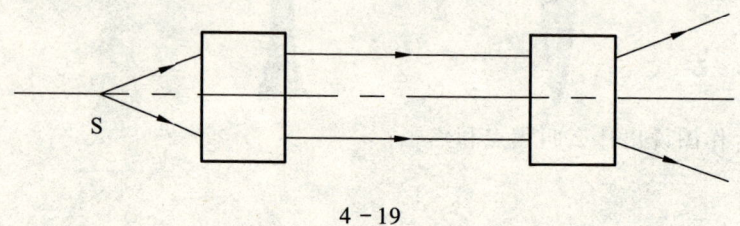

4-19

4. 下图所示是光线经过透镜后的光路图,请选择合适的透镜填入方框内。

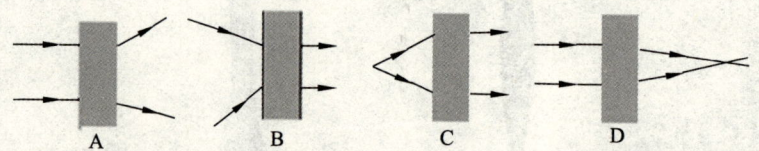

5. 完成下面的光路图。

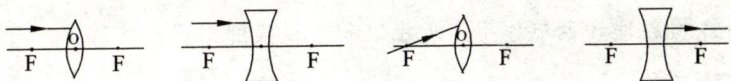

6. 要使小灯泡发出的光经某透镜后变成平行光,应把小灯泡放在
( )

A. 凸透镜前任意位置　　　B. 凸透镜的焦点上

C. 凹透镜前任意位置　　　D. 凹透镜的焦点上

五、实现美

如图 4-20 所示,是种植鲜花的塑料大棚在大棚上下雨时会积一些水,当阳光透过水进入大棚时,经常会把下边的小苗晒死,你知道其中的道理吗?

图 4-20

第六节　神奇的眼睛

【学习目标】

了解眼睛的构造,知道眼睛是怎样看见物体的;了解眼镜是怎样矫正视力的;了解凸透镜的应用。

【学习重难点】

眼睛成像原理和调节作用、近视眼和远视眼的形成及其矫正。

【学习过程】

一、发现美

（一）了解眼睛

1. 看书完成下列问题：

（1）眼睛由哪些组成的？

（2）人眼是如何看到物体的？

（3）人眼的看到物体的成像原理是什么？

（4）什么叫近视眼，近视眼的成因是什么？

（5）什么叫远视眼，远视眼的成因是什么？

二、各美其美（美美与共）

（1）探究实验：近视眼的矫正

实验器材：光具座、凸透镜、光屏、蜡烛、眼镜、白纸板。
实验过程：

1. 取一个凸透镜，蜡烛、光屏和近视眼镜。把蜡烛、凸透镜和光屏并摆好，调节蜡烛和凸透镜位置，使得在光屏上得到一个蜡烛的缩小实像。我们用白纸板模拟眼睛的视网膜，实验表示正常眼看物体时，能在视网膜上生成清晰的像。

2. 把蜡烛向左移动一定距离，此时蜡烛的实像不再落在光屏上，光屏上蜡烛的像变得模糊，用另一张白纸在光屏前移动，可得到蜡烛清晰的像。这个实验模拟近视眼看不清远处的物体，远处物体的像成在近视眼视网膜的前方。

3. 用一个近视眼镜镜片放在凸透镜前，模拟近视眼用凹透镜来矫正视力。这时物体发出的光通过凹透镜发散后再进入眼睛，可以看到光屏上又出现了清晰的蜡烛像。

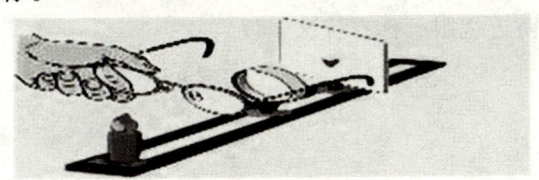

图 4-21

从以上实验探究中同学们可以得出什么结论：

（2）探究实验：远视眼的矫正
实验器材：光具座、凸透镜、光屏、蜡烛、眼镜、白纸板。
实验过程：
1．取一个凸透镜，蜡烛、光屏和远视眼镜。把蜡烛、凸透镜和光屏并摆好，调节蜡烛和凸透镜位置，使得在光屏上得到一个蜡烛的缩小实像。我们用白纸板模拟眼睛的视网膜，实验表示正常眼看物体时，能在视网膜上生成清晰的像。
2．把蜡烛向右移动一定距离，此时蜡烛的实像不再落在光屏上，光屏上蜡烛的像变得模糊，用另一张白纸在光屏后移动，可得到蜡烛清晰的像。这个实验模拟远视眼看不清近处的物体，远处物体的像成在远视眼视网膜的后方。
3．用一个远视眼镜镜片放在凸透镜前，模拟远视眼用凸透镜来矫正视力。这时物体发出的光通过凸透镜会聚后再进入眼睛，可以看到光屏上又出现了清晰的蜡烛像。

从以上实验探究中同学们可以得出什么结论：

完成下表

	晶状体	折光能力	像的位置	矫正方法
近视眼				
远视眼				

(3)关于预防近视眼,你有什么建议?

(三)透镜的应用

1. 显微镜的成像原理光路图。

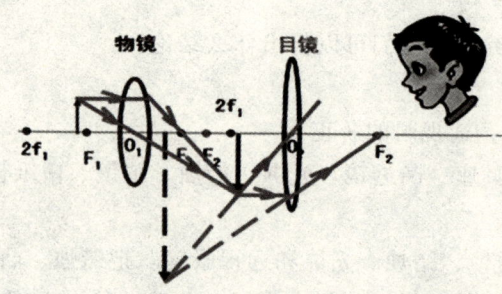

图 4-22

从以上的成像图中同学们可以得出显微镜的成像原理是什么?

2. 望远镜的成像原理。

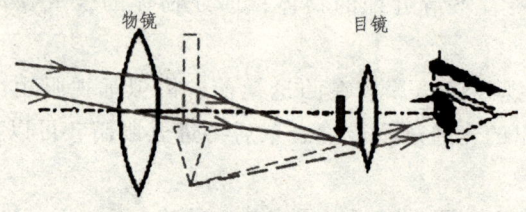

图 4-23

从以上的成像图中同学们可以得出望远镜的成像原理是什么?

三、展示美

相信自己、展示自己。

四、升华美

1. 小强同学由于不注意用眼卫生，看书时眼睛与书的距离比正常情况越来越近了，你认为下列判断及矫正措施正确的是（　　）

A．小强同学已患上近视眼，需要佩戴用凸透镜制成的眼镜

B．小强同学已患上近视眼，需要佩戴用凹透镜制成的眼镜

C．小强同学已患上远视眼，需要佩戴用凸透镜制成的眼镜

D．小强同学已患上远视眼，需要佩戴用凹透镜制成的眼镜

2. 如图所示的四幅图中，表示近视眼成像情况和近视眼校正后成像情况的图分别是（　　）

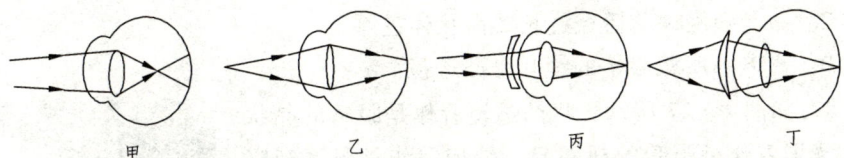

A．图甲和图丙　　　　　　B．图乙和图丙

C．图甲和图丁　　　　　　D．图乙和图丁

3. 某人戴的眼镜如图4-24所示，则以下说法不正确的是（　　）

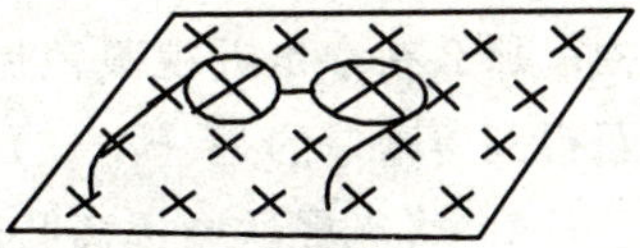

A．此人的眼睛一定是近视眼

B．此人的眼睛一定是远视眼

C．照相机镜头与该眼镜属同种类型的透镜

D．幻灯机镜头与该眼镜属同种类型的透镜

图4-24

4. 人身上的许多器官其工作原理与我们所学的物理知识有联系，下列说法正确的是（　　）

A．晶状体相当于凹透镜

B．视网膜上成的是正立缩小的像

C．近视眼应配戴凸透镜

D．远视眼看报时把报纸拿远才能看清

5. 观察图4-25小明拿着的眼镜可以推断，该透镜属于（　　）

A．凸透镜，用于矫正近视眼

B．凸透镜，用于矫正远视眼

C．凹透镜，用于矫正远视眼

图4-25

D. 凹透镜，用于矫正近视眼

6. 如图4-26所示是某人看近处物体时的光路图，由图可知他是_____眼（选填"近视"或"远视"）。若他配戴的眼镜镜片中心的厚度为1.7 mm，则该镜片边缘的厚度应_____1.7 mm（选填"大于"、"等于"或"小于"）

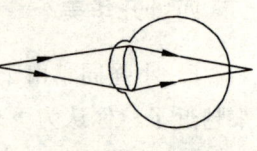

图4-26

7. 高老师戴着眼镜正在批改作业，听到远处有学生叫她，为了看清该学生，高老师立即摘下眼镜跟这位学生打招呼，下列说法正确的是（　　）
   A. 高老师是近视眼
   B. 高老师不戴眼镜看近处物体时，像成在视网膜前方
   C. 高老师眼球前后径过长或晶状体过厚
   D. 高老师所戴眼镜的镜片是凸透镜

8. 如图4-27所示，将凸透镜看作是眼睛的晶状体，光屏看作是眼睛的视网膜，烛焰看作是眼睛观察的物体。拿一个近视眼镜给"眼睛"戴上，光屏上出现烛焰清晰的像，而拿走近视眼镜则烛焰的像变得模糊。那么在拿走近视眼镜后，下列操作能使光屏上重新得到清晰像的是（　　）

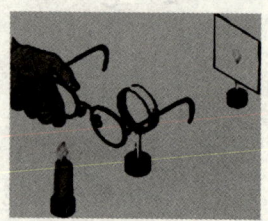

图4-27

   A. 将光屏适当远离凸透镜
   B. 将蜡烛适当远离凸透镜
   C. 将光屏适当移近凸透镜或将蜡烛适当移近凸透镜
   D. 同时将光屏和蜡烛适当远离凸透镜

五、实现美

王鹏的爸爸买回一个望远镜，王鹏很喜欢这个望远镜，他先将目镜放在眼睛前面观察远处的景物，然后将望远镜掉转过来，将物镜放在眼睛前面观察远处的景物。他两次利用望远镜观察景物有什么不同吗？

第一次：_____。

第二次：_____。

第五章 质量与密度

第一节 质量

【学习目标】

通过比较不同物体所含物质的多与少，建立质量的初步概念。通过具体事例认识到质量是物体的基本属性，它不随物体的形状、空间位置、状态的改变而变化；知道质量的单位，对质量单位形成感性认识，会粗略估计常见物体的质量；通过观察实物和阅读课本，了解托盘天平的结构。

【学习重难点】

质量的定义、单位及其换算；质量单位换算。

【学习过程】

一、发现美

通过阅读课本提出的疑问。

二、各美其美（美美与共）

活动1：如图所示，观察并思考讨论下面的问题：

1. 普通的篮球和乒乓球中充有什么物质？_____。
两物体内充的是同一种物质吗？_____。
2. 两物体内充的物质多少相同吗？谁的多？

图 5-1

3. 按照相同的思路，对如图所示的两个物体你能给同学提出什么问题？

图 5-2

阅读课本理解其含义：自然界中的一切物体都是由物质组成的，组成物体的物质有多有少。

填一填

物理学中把物体_____叫物体的质量。

活动2：观察课本中的图示并阅读下面的文字，思考下列问题：

1．冰化成水，_____变了，质量变了吗？结合"质量"的定义，说明你判断的理由。

2．泥团的_____变了，质量变了吗？说明你的理由。

3．航天员的_____了，他的质量变了吗？说明你的理由。

4．你还能举出类似的实例吗？

【填一填】

质量是物体的基本_____，与物体的_____、_____、_____无关。

二、质量的单位

活动3：阅读课本"质量的单位"知识栏目中的内容，然后完成下列填空：

1．国际单位中质量的基本单位是_____，用符号_____表示。

2．人们把保存在巴黎国际计量局中的国际千克原器的质量作为_____的标准。

3．质量的常用单位还有_____。它们之间的换算关系是：1 t = _____ kg, 1 kg = _____ g, 1 g = _____ mg。

4．把你课前收集的一些物体质量的数据与同学交流。如果这些数据的单位是"克"，请换算成"千克"和"毫克"。

5．估计一些常见物体的质量。如：估计一枚硬币的质量约为_____，一本物理课本的质量约为_____。

三、测量质量的工具

活动4：观察托盘天平（实物），对照课本图，认识天平各主要部件的名称，把天平各主要部件的名称填在下图中：

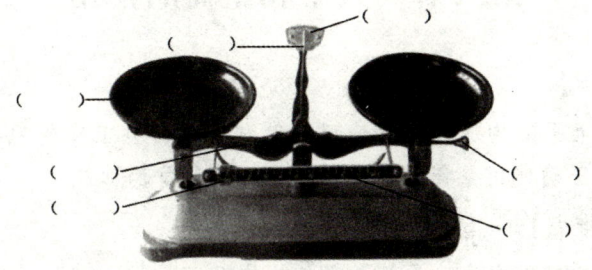

平衡螺母有几个？标出底座和刀口。

在底座上固定的有哪些部件？

能随横梁可动（转动）的有哪些？可调的有哪些？

你还能列举哪些在生产、生活中用来测量质量的工具？

三、展示美

相信自己，大胆提问。

四、升华美

1．冰融化成水后，质量_____。

2．下列物体质量最接近 $2×10^5$ mg 的是（　　　）
A．一只老母鸡　　　　　　B．一个苹果
C．一只鸡蛋　　　　　　　D．一只蚂蚁

五、实现美

怎样估测人体的质量?

第二节 天平和量筒的使用

【学习目标】

熟练掌握天平的构造、初步认识量筒和量杯;会正确使用托盘天平称物体的质量;会正确使用量筒和量杯测量液体或固体的体积。

【学习重难点】

托盘天平的使用方法;量筒和量杯的使用。

【学习过程】

一、发现美

活动一:阅读使用说明书,快速抢答,指出托盘天平不同部位的名称,说出1-9的结构名称。

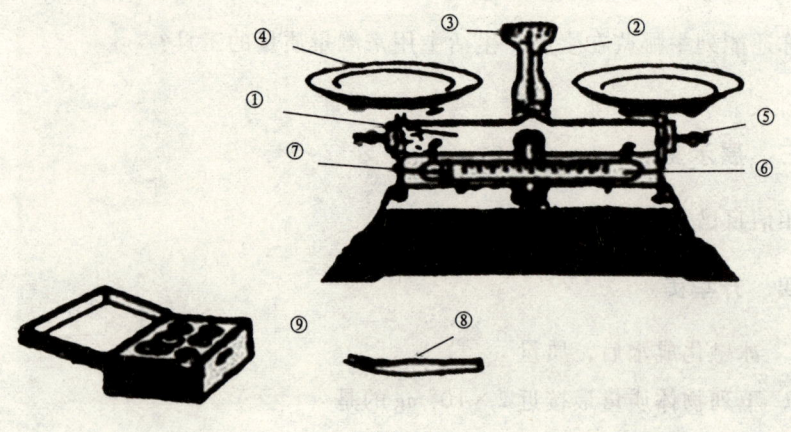

图5-3

活动二、阅读托盘天平的使用说明书，掌握托盘天平的使用方法。

（1）使用天平时，应将天平放在_____上。

（2）使用前，将游码移至_____端的"0"刻度线，调节_____使指针对准_____的中央刻度线。

（3）天平的_____盘放砝码，_____盘放需要称量的物体；添加砝码和移动游码，使指针对准分度标尺的中央刻度线，此时物品的质量于_____与_____之和。

（4）从砝码盒中取砝码时，必须用_____取，不能用_____提取。

（5）天平的砝码应妥善保管并保持_____，不得置于_____之处，并避免接触_____等。

（6）天平与砝码出现问题，应让专业计量人员修理。

二、各美其美（美美与共）

活动三：测出下列各物体的质量。

1．测量小石块的质量。

2．测量水的质量。

活动四：认识测量液体的体积工具：量筒与量杯，通过阅读课本来完成下列问题：

1．测量液体体积的工具是什么？

2．液体体积的单位有哪些？

3．怎样使用量筒？

活动五：测量物体体积的方法

1．对规则物体测体积的方法有哪些？

2. 对不规则物体测体积的方法有哪些?

三、展示美

相信自己,大胆提问。

四、升华美

1. 位于道真境内的渔塘电站是芙蓉江流域中的一个电站,在大坝修建中要用到大量碎石子。小华随意选取其中一块石子,准备在实验室测定它的质量。

(1) 他先将天平放在水平桌面上,移动游码至标尺左端_____处,发现指针静止在分度盘中央的右侧,则应将平衡螺母向_____调节,直至天平平衡。

(2) 用调好的天平测石子的质量,当盘中所加砝码和游码位置如图(甲)所示时,天平平衡,则此石子的质量为_____g。在量筒内装有一定量的水,该石子放入前、后的情况如图(乙)所示,则石子的体积是_____cm^3

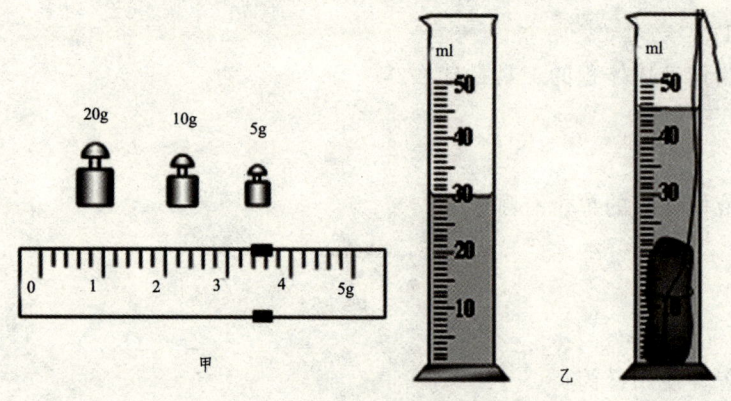

图 5-4

2. 放在水平桌面上的托盘天平,使用前应将游码放在标尺的左端的零刻线处.若发现托盘天平的指针静止在分度盘中线的左侧,如图甲所示,要调整该天平平衡,应将平衡螺母向_____(填"左"、"右")旋动。图乙是一次正确测量的情景,则测出物体的质量是_____g。

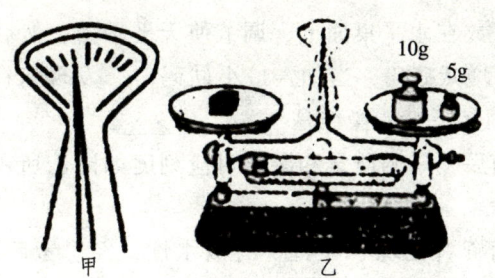

图 5-5

3. 小明同学用托盘天平测量物体的质量，操作情况如图所示，其中错误的是：

（1）_____。

（2）_____。

图 5-6

4. 用天平物体质量时，向右盘中添加砝码应按_____的顺序。在调换砝码时，如果添加了最小砝码还大，而取出最小砝码又偏少，此时应采取_____方法使天平平衡。

5. 用天平的实验中。

（1）在使用托盘天平前要对天平进行调节，按正确顺序将下列各步骤前的字母排列_____。

A、组装好天平，把天平放在水平台上

B、调节天平的平衡螺母，使横梁平衡

C、把游码置于标尺的零刻线处

五、实现美

1. 小明是一名天文爱好者，他淘到一小块"陨石"，但它的真实性难以确认．小明对这块"陨石"的密度进行了测量：

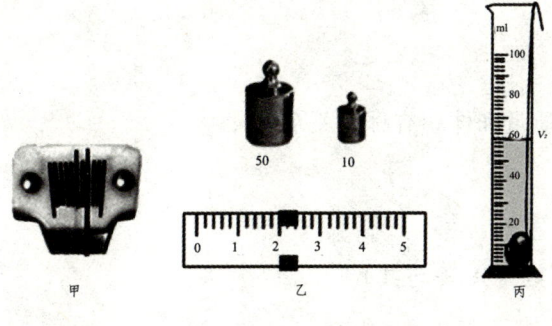

图 5-7

第五章　质量与密度

（1）他把天平放在水平桌面上，调节使天平平衡，然后将"陨石"放在左盘中，在右盘中增减砝码，当加入最小砝码时，发现指针指在盘中央刻度线如图甲所示，他接下来的操作是_____。

（2）天平平衡后，砝码质量和游码对应刻度如图乙所示，则"陨石"的质量为_____g。

（3）小明查阅资料发现"陨石"有吸水性，经思考后，他先将"陨石"放入盛水的烧杯中足够长时间，再取出来擦干表面的水，放入盛有40 ml水的量筒中，水面升高至如图丙所示，他这样做的目的可以避免因"陨石"吸水而是陨石测量值偏_____；小明测出"陨石"的体积为_____。

第三节 科学探究：物质的密度

【学习目标】

理解密度的物理意义；会查密度表，知道水的密度；用密度知识解决简单的实际问题。

【学习重难点】

通过实验探究，学会用比值的方法定义密度的概念；理解密度的概念、公式及其应用；在实验探究的基础上，利用"比值"定义密度概念；理解密度是物质的一种特性。

【学习过程】

一、发现美

猜想物质的质量和体积有哪些关系？

二、各美其美（美美与共）

（一）探究物质的质量和体积的关系。

通过实验物质质量跟体积的关系。

1．实验器材：托盘天平和砝码、体积分别为 10 cm³、20 cm³、30 cm³ 的铝块、铁块各 1 个。

 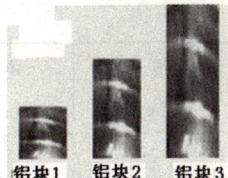 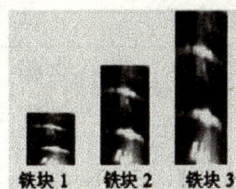

图 5-8

2．记录数据：

物质	实验次数	质量（g）	体积（cm³）	质量/体积（g/cm³）
铁块	1		10	
	2		20	
	3		30	

物质	实验次数	质量（g）	体积（cm³）	质量/体积（g/cm³）
铝块	4		10	
	5		20	
	6		30	

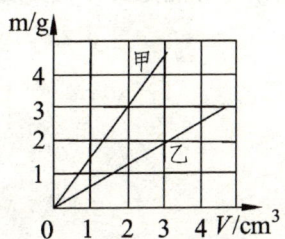

观察表格中的数据和画出的图像，从中你能得到什么结论？

3．得出结论：

（二）密度

下面请同学们阅读课本密度相关知识，完成导学案的内容。

密度的概念是什么？

密度计算公式的文字表达式以及字母表达式分别是什么？

第五章　质量与密度

密度的国际单位是什么？常用单位是什么？如何读？
量与体积的比值叫做密度。

2．计算公式：

3．单位：

物质	实验次数	质量(g)	体积(cm^3)	质量/体积(g/cm^3)
铁块	1	78	10	7.8
	2	156	20	7.8
	3	234	30	7.8

从这个表格中，我们知道铁的密度是7.8g/cm^3，那等于多少kg/m^3呢？下面我们来共同计算一下。

（三）密度公式

$\rho = m/V$ 的应用

小华同学在学校运动会上获得了100 m短跑金牌，他想知道这块金牌是由什么做成的。于是他利用天平和量筒测量了它的质量和体积分别为26.7 g和3 cm^3。

试求：（1）这个金牌的密度是多少？

（2）请你根据密度表判断它可能是由什么金属制成的？

图5-9

三、展示美

相信自己，大胆提问。

四、升华美

1. 关于物质密度的计算公式 $\rho = \dfrac{m}{V}$，下列说法正确的是（ ）

A. 物质的密度 ρ 和物体的质量 m 成正比

B. 物质的密度 ρ 和物体的体积 V 成反比

C. 物质的密度 ρ 和物体的质量 m 成正比，和物体的体积 V 成反比

D. 由同一种物质组成的物体的质量和物体的体积成正比

2. 一支蜡烛燃烧一段时间后剩下半支，则（ ）

A. 质量减半，密度减半　　B. 体积减半，密度加倍

C. 质量减半，密度不变　　D. 质量、体积、密度都减半

3. 甲、乙两种物质的质量与体积的关系图像如图所示，由图可知，其中密度较大的是_____。（填"甲"或"乙"），甲的密度是_____ g/cm^3。

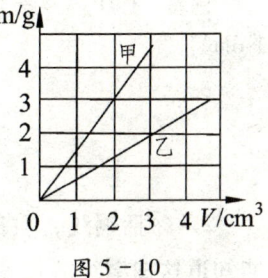

图 5-10

4. 铜的密度是 $8.9 \times 10^3 \, kg/m^3$，意思是_____；体积为 $0.5 \, m^3$ 的实心铜制零件的质量是_____ kg。若将它截去一半，则其质量为_____，体积为_____，密度为_____。

5. 为了研究物质的某种特性，某同学分别用甲、乙、丙三种不同的物质做了实验，实验时分别测量它们的质量和体积，下图表格记录了实验中测量的数据：

物质	实验次数	体积 v/cm³	质量 m/g
甲	1	10	10
	2	15	15
	3	25	25
乙	4	10	8
	5	20	16
	6	25	20
丙	7	5	9
	8	25	45
	9	30	54

(1) 分析表中的实验次数 1 与 2 与 3、4 与 5 与 6、7 与 8 与 9，可归纳出初步结论是：_____。

(2) 分析表中的实验次数_____可归纳出初步结论是：相同体积的不同物质，它们的质量是不同的。

(3) 进一步分析上表中的数据，还可得出的结论是：
(a) 同种物质的_____。
(b) 不同种物质的_____。

(4) 由以上分析可初步认为_____表示了物质的特性。

五、实现美

1. 一个容积为 2.5 L 的塑料瓶，用它装水，最多能装多少 kg？（1 L = 1 dm³）

2. 一捆铜线，质量是 89 kg，铜线的横截面积是 25 mm²。不用尺量，你能知道这捆铜线的长度吗？它有多长？

第四节　密度知识的应用

【学习目标】

了解常见物质的密度；学习用密度知识来判断物体种类；会对密度公式进行变形及其应用。

【学习重难点】

对密度公式的变形及其计算，用密度知识来鉴别物质。

【学习过程】

一、发现美

阅读课本中的密度表，看有哪些规律？写出 2-3 条。

1. _____。
2. _____。
3. _____。

二、各美其美（美美与共）

阅读课本思考如下问题：

1. 课本中表一有何规律？

2. 课本中表二有何规律？

3. 密度公式可以变成哪些形式？

三、展示美

    大胆地把你及你小组思考与讨论的结论展示给全班同学和老师，积极发表自己的看法并聆听其他同学对自己的评价。

四、升华美

1. 体育课上的实心球，质量是 4.2 千克，体积为 600 立方厘米，请问这个球是什么材料做的？先分析找出解决问题的方案，再具体实践，最后得出结论。

2. 如何应用密度知识来鉴别物质？

3. 完成本节课本中的作业。

五、实现美

请用天平、量筒、烧杯、水、食盐等测量盐水的密度,将其与水的密度进行比较。

第六章 熟悉而陌生的力

第一节 力

【学习目标】

知道力的概念和力的单位、力的作用效果、力的三要素；知道物体间力的作用是相互的；通过活动和生活经验感受力的作用效果；了解物体间力的作用是相互的，并能解释有关现象；能用实例解释机械运动及其相对性；在观察体验过程中，培养正确的科学态度。

【学习重难点】

力的概念和力的单位，力的三要素，用示意图表示力；力的概念；认识物体间力的作用是相互的；并解释有关现象。

【学习过程】

一、发现美

搜集攀岩者攀岩的图片，并阅读课本思考：

1. 攀岩者仅靠手脚灵活运用抓、撑、蹬等动作来实现身体平衡的吗？

2. 什么是力？人推车过程中，有力存在吗？谁用力了？谁受了力？

二、各美其美（美美与共）

阅读课本内容思考下列问题。

1. 物理学中是怎样来描述力的？

2. 力的产生有什么特点？

3. 力会产生哪些效果？能否列举说明？

4. 什么是力的三要素？

5. 力的作用有什么特点？

三、展示美

把以上不懂的问题提出来在小组内交流，把你所理解的向其他同学讲解。

四、升华美

1. 结合你对所学知识的理解和老师的讲解，完成下列问题。

手击排球，施力物体是_____，受力物体是_____，手也感到痛，这是因为_____。

2. 下列力的作用效果分别是什么？

守门运动员接住足球_____。

受压弹簧，弹簧变弯_____。

3. 下列关于力的说法中，正确的是（ ）

A. 没有物体，也可能有力的作用

B. 力是物体对物体的作用，所以彼此不接触的物体之间没有力的作用

C. 发生力的作用时，必定可以找到此力的施力物体和受力物体

D. 力作用在物体上，只能使物体从静止变为运动

五、实现美

1. 举例说明踢足球时，足球运动状态改变的各种情况是什么力引起的？

2. 为什么有时用力推物体，物体却不动？

第二节　怎样描述力学

【学习目标】

了解力的三要素；了解力的单位，并对1N有具体的感受；会画力的示意

图；具体感知1N的大小；介绍力的示意图，完成"如何描述力"；从身边熟悉的一些实例来交流和讨论力的作用效果和哪些因素有关，从而归纳出力的三要素的过程中体会透过众多的物理现象分析和归纳出本质的认识论的观点。

【学习重难点】

力的三要素；用力的示意图描述力。

【学习过程】

一、发现美

通过上节的学习，谈谈对以下问题的理解

1. 就左手拍右手这个力的现象，定义力是物体对物体的作用。"一个巴掌拍不响"说明力的产生需要2个物体，一个称为施力物，一个称为受力物。左手用力拍右手，两只手都疼说明了。

2. 橡皮筋被拉长了，说明力有什么作用效果？

3. 静止的足球被踢飞出去说明了力的什么效果？

二、各美其美（美美与共）

阅读课本，思考如下问题：

1. 力的作用效果与哪些因素有关？

2. 力的三要素指是什么？

3. 什么是力示意图？

三、展示美

把你对以上的问题的理解给全班同学反馈。

四、升华美

1. 画出如图 6-1 中物体所受力的示意图。

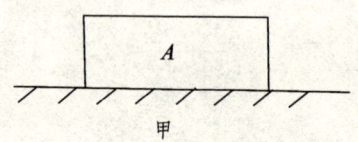

图 6-1

2. 画出下列力的示意图。

（1）沿水平方向向右拉物体 A 的拉力。

（2）沿竖直方向向上拉物体 B 的力。

（3）水平地面上的物体 C 受到水平向左 20 N 的拉力和水平向右 25 N 的拉力。

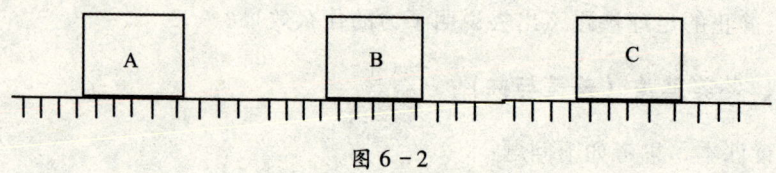

图 6-2

3. 如果用一个与水平地面成 30°角的 100N 的力拉物体，该怎样用力的示意图把拉力 F 表示出来。

4. 力的三要素是（　　）、（　　）和（　　）；平时常用一根带箭头的线段来表示力的（方向）；小君同学用相同的力，在 A、B 两处推门，门被推开，说明力可以改变物体的运动状态；在 A 处容易推开，这表明力的作用效果与（　　）有关。

5. 下述作用力中，最接近 1N 的是（　　）

A. 蚂蚁的拉力　　　　　　B. 提起一只鸡的力

C. 托起两只鸡蛋所用的力　　D. 马拉车时用的力

6. 对于力的示意图，正确的是（　　）

A. 只能表示力的方向　　　　B. 只能表示力的大小

C. 只能表示力的作用点　　　D. 可以表示力的大小、方向和作用点

7. 如图为作用在物体上的两个力的示意图。那么，这两个力的大小关系为（　　）

A. $F_1 = F_2$ B. $F_1 > F_2$
C. $F_1 < F_2$ D. 无法确定

五、实现美

1. 查阅资料了解长征系列运载火箭的推力

2. 收集牛顿的相关信息

第三节 弹力 弹簧测力计

【学习目标】

知道什么是弹力，了解弹力产生的条件；了解弹簧测力计测量力的原理；会正确使用测力计测量力的大小；通过观察和实验，建立弹力的概念；通过实验，探究弹簧的伸长与拉力的关系；通过制作，探究学习弹簧测力计的结构和使用方法；对周围生活中弹力应用的实例，体会科学技术的价值；通过对弹簧测力计使用的探究，培养乐于探索日常用品中的科学道理的情感、培养探索新器件的能力；通过对弹簧测力计的制作，培养自己勤于动手的科学态度和严谨细致的科学作风。

【学习重难点】

弹簧的伸长与拉力的关系；弹簧测力计的使用方法；弹力的概念及产生条件；弹簧秤制作方案的探究及其制作过程。

【学习过程】

一、发现美

搜集跳水、撑杆跳高、蹦极比赛中视频图片思考：
跳板跳水、撑杆跳高比赛中运动员怎样才能取得好成绩？蹦极中的选手为什么下落到最低点后又会上升呢？

二、各美其美（美美与共）

活动1：思考并动手。

你能使桌面上的物体，如橡皮筋、弹簧、直尺、橡皮泥、气球、纸、钢尺等发生形变吗？松手后，结果有何不同呢？生活中还有哪些物体有类似的性质。你能根据这些物体的特性进行概括与分类吗？

活动2：用身边的器材证明生活中的实例并进行分析说明。

物体的形变与外力的大小有没有关系呢？你能设计一个小实验来验证一下吗？

活动3：探究。

橡皮筋或弹簧的形变程度（伸长）与拉力大小的关系。

你应该测量哪些物理量，如何设计实验记录表格？

通过实验数据，你能总结出什么样的结论？能画出弹簧伸长与拉力的关系图像吗？

三、展示美

把你或你们小组对以上问题的探究结果向全班同学反馈，同时认真听取他人的评价

四、升华美

通过对本次课的学习，写下自己的感受。

五、实现美

1. 结合你所学知识，你能用弹簧或橡皮筋自制一个测力计吗？请写出具体的制作方要求：测力计的量程为 2 N，分度值为 0.1 N。分度值为 0.1 N。

2. 编写一份弹簧测力计的使用说明书。

第四节　来自地球的力

【学习目标】

知道重力的产生；探究重力的大小；会计算重力；理解重力的方向、重心。

【学习重难点】

探究重力的大小以及重力的计算。

【学习过程】

一、发现美

1. 搜集并观看航天员在太空里的生活视频并思考：航天员为什么要用绳

子拴住？

2. 我们在地球上跳起时，为什么总会落在地面上？

3. 苹果熟了，为什么不飞上天？

二、各美其美（美美与共）

1. 阅读课本内容。
2. 看完课本后，交流讨论完成如下问题。
（1）重力是怎样产生的？
（2）探究物体重与质量有什么关系？

结合桌子上的器材与课本提示，完成书上实验并填写表格内容。

钩码数	质量	物重	物重跟质量之比
1	0.05		
2	0.10		
3	0.15		
4	0.20		
5	0.25		

通过分析表中数据，得出的结论是：

（3）重力的方向怎样？

（4）物体重心怎样找？

三、展示美

把你或你们小组探究的问题和得出的结论积极反馈给全体同学，并聆听他人的评价。

四、升华美

完成课本上的作业。

五、实现美

1. 阅读信息窗：了解提高稳定程度的诀窍。
2. 如果物体的形状发生改变，物体的重心位置发生改变吗？

第五节　摩擦力

【学习目标】

知道摩擦力产生的条件；学会探究滑动摩擦力与哪些因素有关；熟悉科学探究的基本环节；知道如何增大或减小摩擦力的大小；会解释生活中的有关摩擦力的实例。

【学习重难点】

理解摩擦力产生的条件，会用科学探究的方法探究摩擦力的大小的相关因素及解释生活中有关摩擦力的实例。

【学习过程】

一、发现美

1. 为什么我们穿的鞋底要制作花纹？

2. 打滑的汽车为什么可以在汽车上装东西就可以不打滑？

二、各美其美（美美与共）

1. 阅读课本内容思考：摩擦力产生的条件是什么？

2. 滑动摩擦力的大小与哪些因素有关？请你设计验证实验方案，并根据桌子上的器材进行实验验证。

我的猜想是：

所需要的器材有：

我的设计方案是：

我的实验结论是：

4．增大摩擦和减小摩擦有哪些办法？
增大摩擦的方法：

举例：

减小摩擦的方法：

举例：

三、展示美

结合自己或组里实验与讨论的结论，踊跃反馈给全体同学。

四、升华美

完成课本后"作业"。

五、实现美

1．阅读迷你实验室：假如生活中没有摩擦力……

2．了解滑动摩擦力产生的原因。

第七章 力与运动

第一节 牛顿第一定律

【学习目标】

了解牛顿第一定律的形成过程；知道牛顿第一定律；知道惯性，能用惯性解释生活现象；通过对实验的学习，了解生活经验与推想相结合解决问题的思路；培养客观看待问题，不迷信权威的做事态度。

【学习重难点】

牛顿第一定律；理解惯性的概念。

【学习过程】

一、发现美

1. 自己演示：将桌上放了几颗棋子，用尺子迅速把下边的棋子打出去，发现上边的棋子还是落在原地。

2. 我们和地球一起在运动，那为什么我们跳起来后，却还是落在原地，又如我们助跑跳远，为什么比立定跳得远得多？

3. 那力和运动到底有什么关系？

二、各美其美（美美与共）

1. 阅读课本内容。

2. 用桌子上的器材，阅读课本内容，根据提示，通过小组进行实验探究牛顿第一定律。

3．根据课本的实验探究可得什么结论？牛顿第一定律能不能直接实验得出？

4．思考：什么是惯性？
讨论：惯性与什么有关？

5．列举惯性的利用和防止的相关实例。

三、展示美

把自己的思考和想法以及小组内的探究结论反馈给大家。

四、实现美

完成课本后"作业"。

五、实现美

1．坐车感受力和运动，感受惯性。
2．以"如果物体不再有惯性，世界将……"为题写一篇文章。

第二节　力的合成

【学习目标】

理解合力、分力和力的合成的概念；学会同一直线上二力合成实验的探究方法；了解同一直线上二力合成的实验结论；会用同一直线上二力合成的实验结论进行简单计算；经过实验探究，学会怎样求同一直线上二力合成；

理解等效的物理思想。

【学习过程】

一、发现美

如果说"人多力量大"可用物理知识来解释其原理，你的猜想是：

二、各美其美（美美与共）

活动一、阅读课本内容，弄清什么是合力什么是分力？
合力：
分力：
探索二、通过实验探究合力和分力。
制订方案1，并实验探究：

1. 用两个弹簧测力计同时竖直向上拉下端固定的橡皮条S，使它伸长到一个恰好的位置，记下这时橡皮条S上端的位置A和两个弹簧测力计的示数F_1和F_2。

2. 用一个弹簧测力计竖直向上拉橡皮条S，使它的上端仍达到位置A，记下这时弹簧测力计的示数F。

注意事项：

1. 两个弹簧测力计的作用点应在一点上。

2. 为保证橡皮条S的上端到达的位置A在两次操作中为同一点，应在A点位置水平固定一标尺。

多次测量，将数据填入制定的表格。

自己设计表格：

分析论证：通过分析所得数据，得出以下结论：

制订方案2，并实验验证：

1. 将一个弹簧测力计和橡皮条S的下端固定，他们的上端共同作用于另一弹簧测力计，另一弹簧测力计竖直向上拉它们的上端。记下这时橡皮条S上端的位置A和两个弹簧测力计的示数F_1和F_2。

2．用个弹簧测力计竖直向上拉橡皮条 S，使它的上端仍达到位置 A，记下这时弹簧测力计的示数 F。

注意事项2

1．下端的弹簧测力计和橡皮条应处于同一直线上，并且其上端的作用点应为同一点。

2．为保证橡皮条 S 的上端位置 A 在两次操作中为同一点，应在 A 点位置水平固定一标尺。

3．多次测量，收集的将数据制成表格。

表格：

分析论证：通过分析所得数据，得出结论。

三、展示美

请把你的探索过程中的感受，及探索结论反馈给大家，并认真听听其他同学和老师的评价与讲评。

四、升华美

1．完成课本后的练习题。
2．提出还存在的遗憾。

五、实现美

1．再分析"人多力量大"的物理原理。
2．分析生活中的力的合成的应用的实例。

第三节　力的平衡

【学习目标】

知道二力平衡概念，理解二力平衡条件；知道二力平衡时物体的运动状态；会运用二力平衡条件解决简单的平衡问题；通过观察演示实验得出二力平衡条件，进一步体会研究多个因素问题的科学方法，通过实例分析；通过实验的观察、探索、领略科学的探究方法和养成实事求是的科学态度，培养对自然的热爱和交流合作意识。

【学习重难点】

二力平衡条件。

【学习过程】

一、发现美

观察课本中的图——僵持的"人象大战"图片。
想想：这个场景说明他们都处于静止，这与牛顿第一定律是否矛盾？

二、各美其美（美美与共）

1．阅读课本内容。
2．思考：什么样的状态是平衡状态？

3．探究：根据桌子上的器材，设计实验来探究平衡力的条件。
设计好实验装置：

进行实验（记录好观察到的现象）：

实验结论：

三、展示美

把自己的想法和小组探究的结论踊跃给全体同学反馈,并认真聆听他人评价。

四、升华美

完成课本后的习题。

五、实现美

1. 当物体受力平衡时,能否保持匀速直线运动?

2. 平衡力有些应用?请列举说明。

第八章 压强

第一节 压力的作用效果

【学习目标】
学习压强的概念；理解什么是压力，什么是物体的受力面积；了解压强的大小跟哪些因素有关；了解压强公式中各个物理量的名称、单位及符号，知道压强单位的物理意义和由来。

【教学重点】
压强的概念和压强的公式。

【教学难点】
压强公式的应用。

一、发现美

观察自己的书包带子。想一想平时背书包时，觉得宽带子好，还是细带子好，为什么？

二、各美其美（美美与共）

1. 压力。
①请同学们画出下列各图中物体对表面的压力示意图。

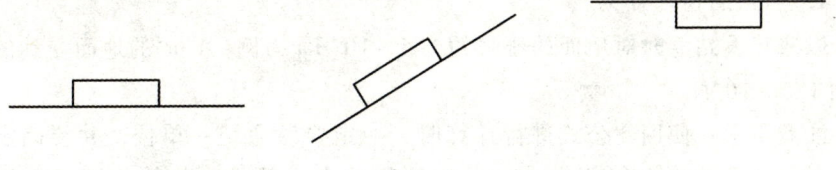

图 8-1

②以上图中物体对受力表面的压力有什么共同特点？

2. 实验：探究压力的作用效果跟什么因素有关？

在这个实验中，再次用到了"控制变量法"，实验步骤如下：

（1）把小桌腿朝下放在泡沫塑料上，观察泡沫塑料被压下的深度。

（2）在腿朝下的小桌上放一个砝码，观察泡沫塑料被压下的深度。

（3）把小桌翻过来，将同一砝码放在桌面木板上，观察泡沫塑料被压下的深度。

步骤（1）和（2）中，让小桌腿朝下是保持_____不变，而探究压力的作用效果与_____之间的关系；步骤（2）和（3）中，把砝码放在桌面木板上是保持_____不变，而探究压力的作用效果与_____之间的关系。

观察课本图示，由甲图和乙图可以得出：在受力面积一定时，压力越大，塑料泡沫被压下的深度越_____，说明力的作用效果跟_____有关；由乙图和丙图可以得出：在压力一定时，受力面积越大，塑料泡沫被压下的深度越_____，说明压力的作用效果与_____有关. 综合可以得出：压力的作用效果跟_____和_____有关

3. 阅读课本上的内容，完成下列填空

（1）物体_____叫做压强。在物理上用字母_____表示压强，_____表示压力，_____表示物体的受力面积，计算压强的公式是_____，其中压力的单位是_____，受力面积的单位是_____，压强的单位是_____，为了纪念_____国科学家_____，压强还有一个专用单位叫_____，简称_____，符号是_____。1Pa = _____N/m²。压强单位除了帕斯卡外，还有千帕（kPa）、兆帕（MPa）。它们之间的关系是：1 MPa = 10^3 kPa = 10^6 Pa = 10^6 N/m²。

（2）1.56 MPa = _____ = _____Pa；

（3）78 000 Pa = _____ = _____KPa

4. 压强的物理意义。

以成年人站立时对地面的压强约 1.5×10^4 Pa 为例：1 m² 的地面受到的压力约 1.5×10^4 N。

注意事项：使用此公式进行计算时，一定要注意统一单位，并要确定准压力的大小和受力面积的大小（受力面积的大小就是两物体相互接触的面积）。除了会计算压强外，还要会用此公式计算压力（$F = p \cdot s$）和受力面积（$s = F/p$）

5．仔细学习例题，学会解题步骤，然后做下面的例题。

例1：桌面上平放着一本字典，字典受到的重力为 5 N，它与桌面的接触面积为 $2.5 \times 10^{-2} \mathrm{m}^2$，计算这本书对桌面的压强。

例2：你坐在家中的沙发上与坐在硬板凳上相比较，哪种情况感到舒服些？为什么？

思路引导：两种情况中，人对板凳的压力大小都等于人的_____，根据力的作用是相互的，这两种情况下人受到的压力是一样的，但是人坐在沙发上比坐在硬板凳上时受力面积要_____，由 $p = F/s$ 可知，在压力不变时，受力面积越大，压强越_____，所以坐在沙发上舒服些。

6．阅读课本上的"想想议议"部分的插图，讨论一下各图中哪些是要增大压强，哪些是要减小压强，它们各自采用了什么方法？并填写下面的空格：

推土机具有宽大的履带是通过_____的方法来_____压强的（填"增大"或"减小"下同），而它锋利的土铲是通过_____的方法来_____压强的；斧头具有很窄的刃是通过_____的方法来_____压强的；铁轨铺在一根根枕木上是通过_____的方法来_____压强的，蝉是通过_____的方法来_____压强的，从而能使它的口器很容易插入树皮；骆驼具有宽大的脚掌，是通过_____的方法来_____压强的，从而不会陷入沙中很深。

增大压强的方法是_____和_____。
减小压强的方法是_____和_____。

三、展示美

通过自主学习，对自己获得的知识给予一个展示美的平台，充分发挥你自己的学习能力。

四、升华美

（一）基础题

1. 压力的作用效果与_____和_____有关。

2. 某物体对桌面的压强是 $1×10^4$ Pa，它的物理意义是_____。

3. 你有一瓶没有开启的汽水，瓶内二氧化碳给瓶盖一个 14 N 的力，若瓶盖的面积为 7 cm²，则瓶盖受到的压强是（   ）

 A. $0.5×10^{-4}$ Pa   B. 2 Pa

 C. 200 Pa   D. $2×10^4$ Pa

4. 如图 8-2 所示是研究压力作用效果的实验：

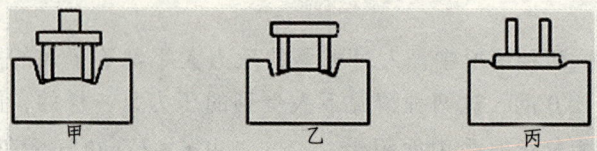

图 8-2

（1）比较甲、乙两个实验可知，压力作用效果跟_____有关系。

（2）比较甲、丙两个实验可知，压力作用效果跟_____有关系。

5. 下列事例中，为了增大压强的是（   ）

 A. 书包带很宽   B. 铁轨铺在枕木上

 C. 刀磨得很薄   D. 推土机安装履带

2. 你购买纸包饮料时，一般配有一根塑料吸管，吸管一端是斜面的，一头是平的，正确的使用方法是（   ）

 A. 将平面一头插入饮料管孔   B. 将斜面一头插入饮料管孔

 C. 将任意一头插入饮料管孔均可 D. 不用塑料管也可以

7. 我们在用螺丝固定物体时，往往在螺丝下面垫上一个垫圈，这样做的目的是（   ）

 A. 美观   B. 减小摩擦   C. 减小压强   D. 增加硬度

8. 大型运输车装有很多车轮，是为了（   ）

 A. 减小重力   B. 减小压强   C. 增大摩擦   D. 增大稳定性

9. 一个物体的质量是 3 kg，放在水平地面上，已知它与地面的接触面积

为 100 cm², 计算这个物体对地面的压强。（g = 10 N/kg）

（二）能力提高题

1. 如图 8-3 所示，物体 A 的重力为 20 N，物体 B 的重力为 30 N，已知 A 的底面积为 2×10^{-2} m², B 的底面积为 4×10^{-2} m²，求：（1）物体 B 对 A 的压强（2）物体 A 对地面的压强。

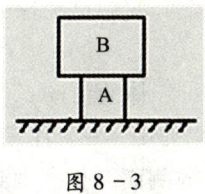

图 8-3

五、实现美

注意观察生活的现象，哪些是属于压强的应用，将你观察到的生活现象记录下来。

第二节　科学探究：液体的压强

【学习目标】

了解液体对容器底部、侧壁都有压强，液体内部有压强；了解液体压强的大小跟什么因素有关

【学习重难点】

探究影响液体内部压强大小的因素；正确理解液体的深度，利用公式计算液体的压强。

一、发现美

搜集"2010年南方旱灾干涸水库"、"带鱼"等方面的图片，然后观察课本中的图示并回答问题：

1. 水库为何建的上窄下宽？

2. 我们平时在超市见到的带鱼形状是扁的，而且都是死的。为什么？

二、各美其美（美美与共）

（一）体验液体压强的存在
我们已经探究了固体有压强，那么液体有没有压强呢？

体验活动：
1. 一个注满水的塑料袋，用手托其表面，你的感觉是什么？用手轻拍它的侧面，你感觉到什么？

2. 在向玻璃管注水的过程中，你看到了什么？说明什么？想想为什么？

3. 将蒙有橡皮膜的容器浸入水中，你看到了什么？

结论：液体对容器的_____部和容器的_____都有压强；液体内部也有。

液体压强产生的原因：（1）液体受到_____力的作用，（2）液体具有_____。

（二）液体内部压强的特点
1. 压强计。
（1）测量液体内部压强的仪器：_____。
（2）原理：当探头的橡皮膜受到压强时，U形管中两边的液面会形成_____。

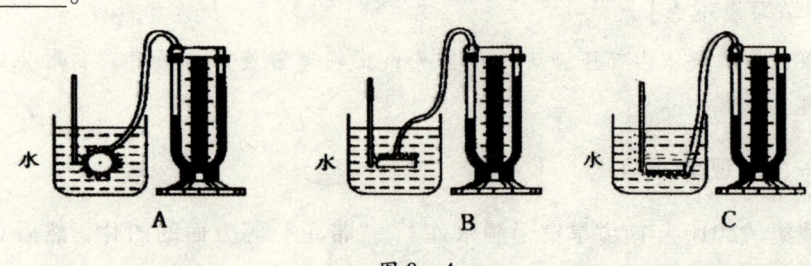

图 8-4

（3）使用方法：无力作用薄膜时，U形管两液面高度差为____；用手压薄膜时，U形管两液面会产生_____；对薄膜的压强越____，U形管两液面高度差越____；例如图丙，当把压强计探头____放入液体中时，U形管左右两侧液面出现高度差，说明液体对浸入其中的物体有____的压强（向上、向下）。

2．实验探究：液体内部压强的特点。

猜想A：在同一深度，液体内部向各个方向都有压强，且向各个方向的压强相等。

猜想B：液体的压强跟深度有关。

猜想C：在深度相同时，不同液体的压强还跟它的密度有关。

实验步骤：为了检验上述猜想是否正确，某同学进行了如图所示的操作。

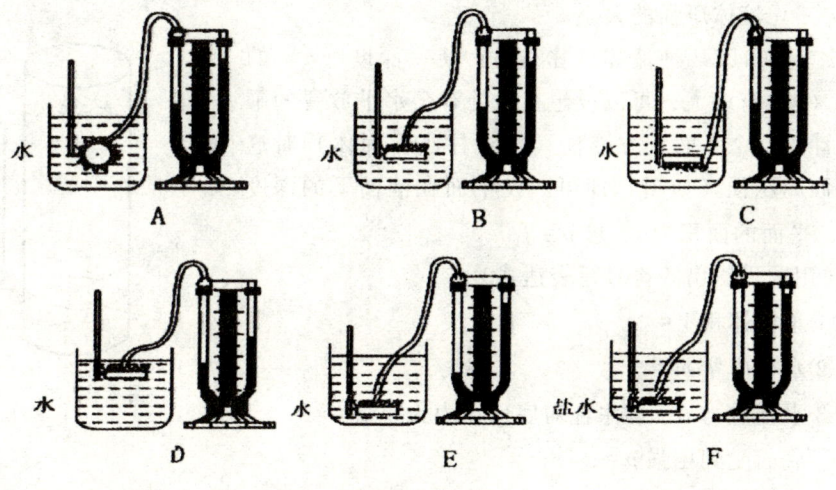

图8-5

序号	液体	深度/cm	橡皮膜方向	压强计液面高度差/mm
A	水	3	向前	
B		3	向下	
C		3	向上	
D		1	向下	
E		6	向下	
F	盐水	6	向下	

分析论证：

①比较代号为 A、B、C 三个图，可以说明_____即猜想 A 正确；

②比较代号为 B、D、E 的三个图，可以说明_____即猜想 B 正确；

③比较代号为 E、F 的两个图，可以说明_____，即猜想 C 正确。

结论：

1．液体内部朝各个方向都有压强；在同一____，各方向压强____；

2．同种液体（密度相同），____越大，液体的压强_____；

3．在____相同时，液体的密度越大，压强_____。

（三）液体压强的大小

1．要知道某种液体（密度 ρ）某一深度（h）的压强（p）有多大，可以设想在此处有个水平放置的平面，计算这个平面上方液柱（把液柱当作固体）对这个平面的压强（如图）即可。设平面在液面下的深度为 h，平面的面积为 s，求 $p=?$

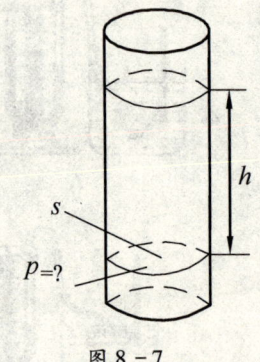

图 8-7

（用题目给出的符号写表达式）

①水柱体积 $V=$

②水柱质量 $m=$

③水柱重力 $G=$ 即水柱对底面压力大小 $F=$

④底面受到压强 $p=$

2．你对液体压强的公式理解是：

（四）连通器

学生自己阅读课本。找出连通器的概念。

连通器指：

连通器的特点：

连通器的应用：

三、展示美

通过自主学习，将获得的知识给予一个展示美的平台，充分发挥你的学习能力。

四、升华美

1. 图 8-7 中，_____ 小孔处喷出水的距离最远，说明液体对容器的侧壁有压强。深度越_____，液体的压强越_____。

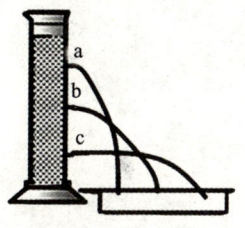

图 8-7

2. 如图 8-8 所示的四种河堤设计方案，其中最合理的是，最不合理的是。

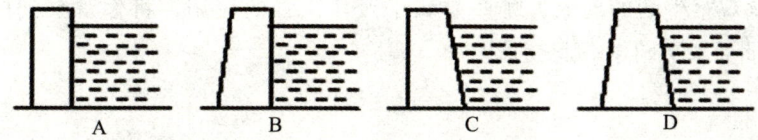

图 8-8

3. 如图 8-9 所示，甲、乙两个相同的烧杯中分别盛有水和盐水，液面相平，A、B 在同一深度，比较 A、B、C 三点的压强大小，则 P_A _____ P_C，P_A _____ P_B。

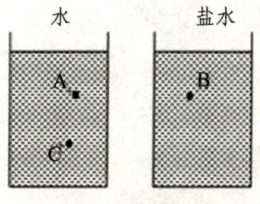

图 8-9

4. 珠江上，一艘船的船底在水下 0.5 m 处被撞了一个洞，洞口的面积为 10 cm²，用来堵洞的堵塞物受到水的压力为是多少？（$\rho_水 = 1.0 \times 10^3 \text{kg/m}^3$，g 取 10 N/Kg）

5. 如图 8-10 所示，装有 100N 的水，水深为 15 cm，容器底面积为 0.1 m，求：（1）容器底受到的压强；（2）容器底受到的压力。

图 8-10

五、实现美

注意观察生活的现象，哪些是属于液体压强的应用，将你观察到的生活现象记录下来与同学一起交流。

第三节 空气的力量

【学习目标】

知道大气压的产生原因；通过实验，认识大气压的存在，了解利用大气压强的生活实例，会解释一些简单的现象；知道托里拆利实验的方法和结果，记住 1 标准大气压的数值。了解测量大气压的工具；了解大气压的变化，知道沸点与气压的关系。

【学习重难点】

知道托里拆利实验和记住 1 标准大气压的大小；托里拆利实验的方法和结果。

一、发现美

1. 演示实验

（1）将硬纸片平放在平口玻璃杯口，用手按住，并倒置过来，放手后，看到什么现象？

（2）将玻璃杯装满水，仍用硬纸片盖住玻璃杯口，用手按住，并倒置过来（暂不放手，问：如果放手，会出现什么现象？先请同学们猜一猜）。放手后，看到什么现象？

图 8-11

二、各美其美（美美与共）

（一）认识大气压强

活动 1：液体对放入其中的物体有压强，潜水员潜入深水中会被水所压。我们平时感觉不到自己会被空气所压，但空气也有质量。试计算充满你教室的空气质量。（$\rho_{空气} = 1.29 \ \text{kg/m}^3$)）

活动 2：感知大气压
1. 将玻璃杯装满水，仍用硬纸片盖住玻璃杯口，用手按住，并倒置过来，放手后看到什么现象？再慢慢按下图 1 把杯口向各个方向转一圈，又看什么现象？思考：现象的原因是什么？

2. 生活还有哪些现象是由于大气压而产生或利用大气压？

（二）测量大气压的大小

活动 3：反思托里拆利实验
1. 在托里拆利实验中，玻璃管中装满水银的目的是什么？

2. 将玻璃管倒立在水银槽中，松开手后管内的水银柱为什么下降？下降到一定高度后水银柱不再下降，这时管内水银面上方的空间处于什么状态？水银柱能保持一定高度不再下降的原因是什么？

3. 我们是利用大气压等于　　　的压强，从而测得大气压的大小。

4. 实验中的玻璃管倾斜对实验结果没有影响，理由是什么？若实验用的玻璃管换用粗一些的，会有影响吗？

5. 还有测量大气压的方法吗？说说你的想法，想想你的方法较托里拆利实验的优缺点。

三、展示美

相信自己，展示自我。

四、升华美

1. 关于托里拆利实验，下面说法中正确的是（　　）
A. 玻璃管内径越大，管内、外水银面高度差越小
B. 往水银槽内多倒些水银，管内、外水银面高度差增大
C. 玻璃管倾斜，管内、外水银面高度差不变，水银柱变长
D. 玻璃管内顶端进入一些空气，管内、外水银面高度差不变

2. 下列现象中与大气压无关的是（　　）
A. 把药液注射进肌肉里　　B. 用手拍掉衣服上的灰尘
C. 用打气筒给车胎打气　　D. 用抽水机抽水

3. 下列现象中，不能说明大气压存在的是（　　）
A. 堵上茶壶盖上的小孔，茶壶里的水就不容易被倒出来
B. 用吸管能把饮料吸入口中
C. 生产灯泡时，抽气机抽出灯泡内的空气
D. 两块玻璃合在一起，中间有水时，很难将它们分开

五、实现美

注意观察生活的现象，哪些是属于大气压强的应用，将你观察到的生活现象记录下来与同学一起交流。

第四节　液体压强与流速的关系

【学习目标】

了解气体的压强与流速的关系；了解飞机的升力是怎样相关的现象；学会通过实验的方法研究物理规律。

【教学重难点】

气体的压强与流速的关系；运用气体的压强与流速的关系解释日常生活的现象。

【学习过程】

一、发现美

展示三个生活情景。

1．一阵秋风吹过，地上的落叶像长了翅膀一样飞舞起来。

2．冬天，风越刮越大，带烟囱的炉子里的火越着越旺，火苗越蹿越高。

3．居室前后两面的窗子都打开着，过堂风吹过，居室侧面摆放的衣柜的门被吹开了。

你从三个生活情景中得到的启示：

二、各美其美（美美与共）

1．流体压强与流速的关系

实验1：用手握着两张纸，让纸自由下垂，在两张纸的中间向下吹气，这两张纸会向边运动？

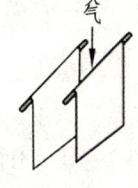

图 8－11

猜想：_____。

现象：_____。

结论：_____。

实验2：把一乒乓球放在倒置漏斗口处，从漏斗颈中用劲向下吹气，能否把乒乓球吹跑？

猜想：_____。

现象：_____。

图 8－11

结论：_____。

小结：流体压强与流速的关系是：_____
_____。

2．飞机的升力

实验3：用手将薄纸条的一端靠在嘴唇下，让另一端自然下垂，沿纸条上方轻轻吹气，观察纸条的运动。

现象：_____。

解释：_____。

3．应用

（1）如图8-14所示是自制机翼模型。用细线把它固定在支架上（线稍长可使之升降），在其前方用电吹风吹风，可发现机翼模型向上升，然后把支架倒置，再次实验。然后分析机翼升力产生的原因。

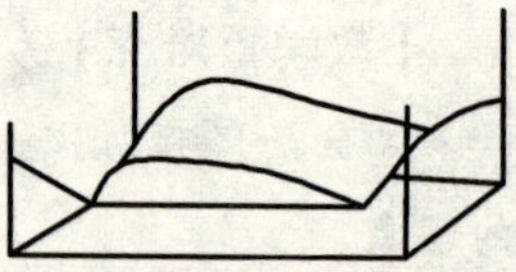

图8-14

解释：_____。

（2）喷漆枪

如图8-15所示，把喷漆枪的吸管B改成透明管，A管接微型接气泵，打开气源后可观察到喷嘴处气流把容器C中的有色液体吸上来并喷出去。

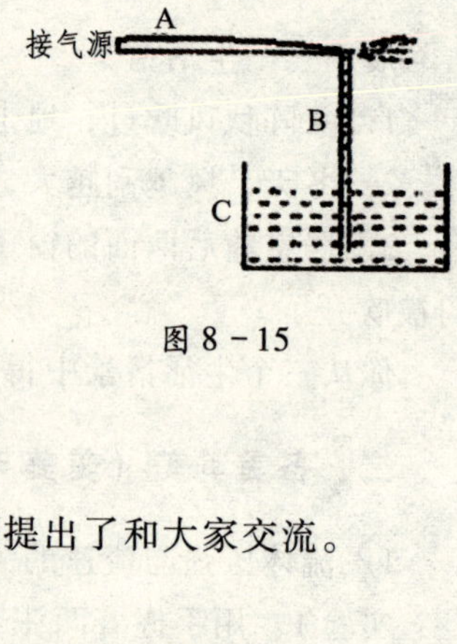

解释：_____。

图8-15

三、展示美

将自己或小组中发现的问题和不能解决的问题提出了和大家交流。

四．升华美

1．据报道，在成都红砖桥附近的铁路桥道口，一名小女孩在火车疾驶而来时，为躲避火车，便躲在距离铁轨很近的石坎上，并低头捂住耳朵，谁知强大的气流将女孩的长发卷起，将其拖入车底，女孩当场死亡。造成这一事故的原因是什么？我们要注意什么问题？

2．人靠近疾驶的火车时，会出现被吸向火车的现象，这是由于被火车带动的空气_____大_____小造成的。

3. 如图 8-15 所示，也是喷雾器的原理示意图，当空气从小孔迅速流出，小孔附近空气的流速较大，压强_____容器里液面上方的空气压强，液体就沿细管上升，从管口中流出后，受气流的冲击，被喷成雾状。

4. 龙卷风的实质是高速旋转的气流．它能把地面上的物体或人畜"吸"起卷入空中。龙卷风能"吸"起物体是因为（　　）

A．龙卷风内部的压强远小于外部的压强

B．龙卷风增大了空气对物体的浮力

C．龙卷风使物体受到的重力变小

D．迷信说法中的"龙'把物体"抓"到空中

五、实现美

注意观察生活的现象，哪些是液体压强与流速的关系应用，将你观察到的生活现象记录下来与同学一起交流。

第九章 浮力

第一节 认识浮力

【学习目标】

了解浮力是怎样产生的；理解浮力的大小等于什么；了解浮力产生的原因

【学习重难点】

浮力的概念及决定浮力大小的因素；浮力产生的原因。

【学习过程】

一、发现美

叙述日常生活中常见到的现象：鸭子、轮船漂在水面上；潜水艇在水中自由地上升和下潜；热气球载着重物飞上高空等

同学们猜想这里面可能蕴含着什么知识呢？

二、各美其美（美美与共）

1. 探究一：什么是浮力，它有方向吗？

（1）出示一个很深的量筒，将一个乒乓球放进去。

问：谁有办法不把量筒倒过来，就能把乒乓球取出来？你为什么能想到这个办法呢？

（2）左手拿一个乒乓球，松手，让学生注意观察它的运动状态；再把乒乓球放在右手手心上，松开左手时乒乓球还会下落吗？为什么？

（3）展示加水后量筒中的乒乓球和手中的乒乓球，让学生进行对比。

鼓励学生观察、对比、思考回答。

学生体验：将木块放入水中并逐渐压入水底，然后放手。一是体会手的感觉；二是观察木块塞最终的情况。尝试得出结论。

2．探究二：下沉的物体是否也受到浮力？

皮球漂在水面上受浮力，那么在水中下沉物体是否也受浮力呢？讨论一下看如何用简单实验来说明这一个问题？

3．探究三：浮力产生的原因。

（1）取一只去底的矿泉水透明塑料瓶，瓶口朝下，瓶口略小于乒乓球。放入乒乓球。

问：如果往里面注水，乒乓球会浮起吗？

（2）用瓶塞（或手）堵住漏水的瓶口，注意观察乒乓球下面积满水时有何现象发生？

（3）分析原因。

第一次乒乓球只受到水给它向下的_____。

第二次乒乓球下积满了水，即受到水对它向下的_____。而且受到水对它向上的_____。乒乓球上浮说明向上的_____大于向下的_____。这就是浮力产生的原因。$F_{向上} > F_{向下}$

我们举特例来分析：立方体浸没在液体中的受力情况

立方体浸没在水中，其左右两个侧面和前后两个侧面和面积相等，并且对应部位距水面的深度相同。

问：水给它们的压强是否相等？

问：水给它们的压力是否相等？

问：立方体浸没在水中，其上下表面所受的压力相等吗？为什么？

小结：浮力产生的原因：_____。

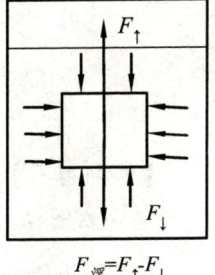

图9-1

$F_{浮} = F_↑ - F_↓$

三、展示美

相信自己，展示自我！

四、升华美

1. 一个石块在空气中，用弹簧测力计测得读数为 10 N，然后把它浸没到水中，弹簧测力计的读数为 7 N，则石块在水中受到的浮力是_____N。

2. 浸没在液体中的物体受到向上的压力_____它受到的向下的压力，（填"大于"、"等于"、或"小于"），如果物体上表面受到的压力为 8 N，下表面受到的压力是 12 N，那么这个物体所受的浮力是_____。

3. 浮力的实质是：_____。

4. 把挂在弹簧秤上金属块浸在煤油中，如图所示，金属块受到_____力、_____力和_____力的作用。在图上画出它的示意图。这几个力的施力物体分别是_____、_____和_____。

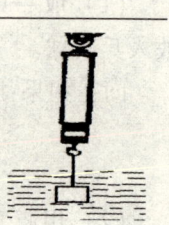

图 9-2

5. 正方体铝块浸在水中，它的上表面受到的压力是 20 N，它的下表面受到的压力是 30 N，这个铝块是否受到了浮力？_____若它受到的浮力，浮力大小是_____N。

五、实现美

注意观察生活的现象，哪些是应用浮力知识，将你观察到的生活现象记录下来与同学一起分享。

第二节 阿基米德原理

【学习目标】

知道影响浮力大小的因素；知道阿基米德原理的内容。

【学习重难点】

探究浮力的大小与什么因素有关；浮力的计算。

【学习过程】

一、发现美

观察日常生活中常见的浮力现象,用这些现象来说明浮力大小与什么因素有关?

二、各美其美(美美与共)

1. 浮力的大小与哪些因素有关?
阅读课文完成下问题:
提出问题:浮力的大小与哪些因素有关?
猜想与假设:
(1) 不会游泳的人在死海里也能自在的漂浮,这是因为死海海水的密度较大,可以猜想,物体受到的浮力大小可能与_____有关。
(2) 在游泳池里,越往深水区走,越感觉到水向上的浮力越大,可以猜想,物体_____,物体受到的浮力越大。
(3) 浮力大小还可能与哪些因素有关:
根据以上猜想,你能设计相应的实验进行研究吗?试说出你的做法。

得出结论:

2. 探究浮力大小跟排开液体所受重力的关系

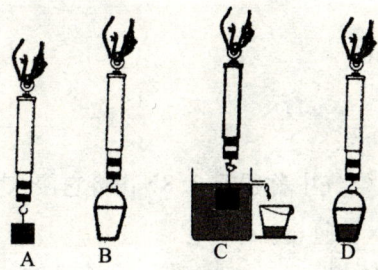

图 9 - 3

(1) 器材:弹簧测力计、细线、铝块、溢水杯、小桶、水。
(2) 步骤:
①用弹簧测力计测出铝块的重力 $G_{物}$。

②用弹簧测力计测出空小桶的重力 $G_{桶}$。
③将铝块浸没入盛满水的溢水杯中，记下弹簧测力计的示数 $F_{拉}$。
④用弹簧测力计测出盛水小桶的总重力 $G_{桶+水}$。
⑤计算出铝块受到的浮力 F 浮和排出水的重力 $G_{排}$。

（3）记录实验数据：

铝块重 $G_{物}$/N	浸没入水中后弹簧测力计的示数 $F_{拉}$/N	浮力 $F_{浮}$/N	小桶重 $G_{桶}$/N	小桶和水的重 $G_{桶}+G_{水}$/N	排出水的重 $G_{排}$/N

（4）归纳总结：

浸没在液体中的物体受到向上的浮力，浮力大小等于_____，这就是著名的_____，用公式表示为_____。由于重力跟质量成正比，而质量又跟密度和体积有关，因此，该公式还可以推导为_____。

（5）①物体所受浮力的大小与_____和_____有关；②当物体漂浮在水面上时：$V_{排}$_____$V_{物}$；

当物体浸没在水中时：$V_{排}$_____$V_{物}$。

（6）阿基米德原理不仅适用于液体，也适用于_____。

三、展示美

相信自己，展示自我。

四、升华美

1．有一金属球，在空气中称得重3.8N，将它浸入盛满水的溢水杯中时，有50 ml水从溢水杯流入量筒，

求：（1）金属球的体积。

（2）金属球所受浮力。

（3）金属球在水中时弹簧测力计示数。

（4）金属球的密度，它可能是由什么金属制成的？

2．一金属块在空气中称重27 N，把它全部浸没在水中称弹簧秤读数为

17 N，则该金属块受到水对它的浮力是_____N，浮力的方向是_____，物体的体积为_____ m³。

3．如图所示，水面上的木块，它浸没在水中部分的体积为 50 cm³，它在水面上的部分是 25 cm³，求：（1）木块受到的浮力多大？（2）木块的质量是多少？（3）木块的密度多大？

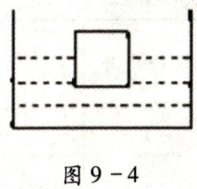

图 9－4

六、实现美

课后了解阿基米德解皇冠之谜的故事。写一篇心得体会，这些方法可以运用于生活的哪些方面。

第三节　物体的浮与沉

【学习目标】

知道物体的浮沉条件；了解浮力在生产、生活中的应用。

【学习重难点】

重点：物体的浮沉条件。难点：物体浮沉的判断方法及其应用。

【学习过程】

一、发现美

知识回顾

1．浮力的计算

（1）称重法：$F_{浮}$ = _____。（2）阿基米德原理：$F_{浮}$ = _____。

2．与浮力有关因素：（1）_____；（2）_____。

二、各美其美（美美与共）

探究1：物体的浮沉条件：

1. 从受力情况分析物体的浮沉

观察：鸡蛋在清水和浓盐水中运动情况，了解物体的浮与沉究竟取决于什么？_____（结合课本进行实验探究）。

实验序号	实验方法	观察小瓶运动情况	小瓶受力情况分析
1	把空小瓶浸没水中，再松手		
2	把装满水的小瓶，浸没水中，再松手		

你用何种方法使瓶悬浮？分析并比较小瓶悬浮时的受力情况。

物体的浮沉取决于其所受的_____力和_____力大小的关系。

(1) 漂浮：$F_浮$ _____ G

(2) 上浮：$F_浮$ _____ G

(3) 悬浮：$F_浮$ _____ G

(4) 下沉：$F_浮$ _____ G

问题：物体的漂浮与悬浮有什么相同点和不同点？

总结计算浮力的方法_____

2. 从密度的角度认识物体的浮与沉

观察下面哪些物体会浮在水面上？哪些会沉下去呢（铁钉、蜡块、小石头、木头）？

物体的浮沉取决于_____和_____大小的关系。

(1) 漂浮：$\rho_液$ _____ $\rho_物$

(2) 上浮：$\rho_液$ _____ $\rho_物$

(3) 悬浮：$\rho_液$ _____ $\rho_物$

(4) 下沉：$\rho_液$ _____ $\rho_物$

探究2：浮沉条件的应用（阅读课本分组展示交流）

1. 密度计。

密度计是测量_____的工具。

把密度计放入液体中，密度计始终是_____状态，密度计工作原理：$F_浮$_____G

2．盐水选种。

把种子放在浓度适宜的盐水中，干瘪、虫蛀的种子，ρ_____$\rho_{盐水}$，会_____浮。

饱满的种子，ρ_____$\rho_{盐水}$，会_____。

（3）潜水艇：靠改变_____来实现上浮和下沉。

（4）热气球：改变球内气体_____来控制浮沉。

三、展示美

1．物体浮沉的判断条件。

2．生活生产中浮沉条件的应用。

四、升华美

1．一个均匀圆柱体悬浮在液体中，如果把圆柱体截为大小不等的两部分，在放入该液体中，则（　　）

A、两部分都上浮　　　　　　B、两部分都悬浮

C、体积大的上浮，体积小的下沉　D、体积小的上浮，体积大的下沉

2．鱼鳔是鱼体内可以胀缩的气囊，是鱼类的浮沉器官。鱼鳔主要是通过改变下列哪一个因素来实现浮沉的（　　）

A、鱼的重力　　　　　　　　B、鱼的质量

C、鱼排开水的体积　　　　　D、鱼受到的压力

3．物体在液体中受到的浮力的大小（　　）

A、和物体本身的重力大小有关　B、和物体的体积大小有关

C、和物体的密度大小有关　　　D、和物体排开液体的体积有关

4．你煮过饺子吗？生饺子放入锅中，便下沉到锅底，煮熟的饺子就浮起来，如果把凉的饺子放入锅中，又沉到锅底，这是为什么？

五、实现美

1．为什么水能举起千斤重的木头，却举不起一粒小小的沙子？

2．泰坦尼克号沉船的原因是什么？

第十章 机械与人

第一节 科学探究：杠杆的平衡条件

【学习目标】

知道什么是杠杆，理解力臂的概念，能根据相关的实物，画出杠杆示意图；通过实验，探究杠杆的平衡条件，会利用杠杆平衡条件解决一些简单的问题；认识生活中的一些杠杆，会对杠杆进行分类。

【学习重难点】

杠杆的分类，杠杆在生活的应用；正确画出力臂和利用杠杆条件解决简单的问题。

【学习过程】

第一学时

课前准备

从家里带上羊角锤、剪刀、钳子、起子等工具。

一、发现美

通过预习课文，你学会了什么，有哪些疑问，请简要记录下来。

二、各美其美（美美与共）

（一）认识杠杆

活动1：分别用羊角锤起钉子、用剪刀剪纸、用起子起瓶盖、用直尺撬文具盒……。在观察的基础上，思考讨论：

1. 这些工具在工作时有哪些共同特征？

2. 请画出图 10-1 中各杠杆的支点 O 和动力 F_1 及阻力 F_2 的示意图。思考：F_1 和 F_2 是谁受到的力？

图 10-1

填一填

（1）杠杆：＿＿＿＿＿＿＿＿＿＿＿＿＿＿，叫杠杆。

（2）支点是：＿＿＿＿＿＿＿，动力是：＿＿＿＿＿＿＿，阻力是：＿＿＿＿＿＿＿。

（二）探究杠杆的平衡条件

活动 2：回忆你玩过的跷跷板的游戏，结合观察下图思考：

1. 你有哪些感兴趣的问题？

2. 跷跷板在水平位置静止由哪些因素决定？

图 10-2

活动 3：探究杠杆的平衡条件

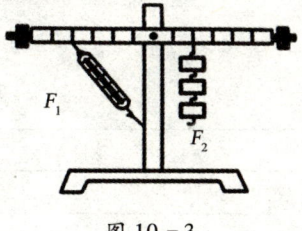

图 10-3

1. 在木尺的两边分别挂上数目不同的钩码，用 F_1、F_2 表示钩码的拉力，用 L_1、L_2 表示悬挂点到支点 O 的距离。

2. 改变钩码个数并调节悬挂点到 O 点的距离，使木尺处于水平静止状态。将各次实验数据填写入下表。

实验次数	左边		右边	
	动力 F_1/N	距离 L_1/cm	阻力 F_2/N	距离 L_2/cm
1				
2				
3				

3. 观察分析实验数据，看看木尺平衡的条件是什么？
  结论_____
_____。

4. 如果杠杆的左边改用弹簧测力计斜拉杠杆使其平衡（如图10-4所示），用刻度尺分别测出支点到测力计拉作用点的距离和支点到该力作用线的距离填入下表中。

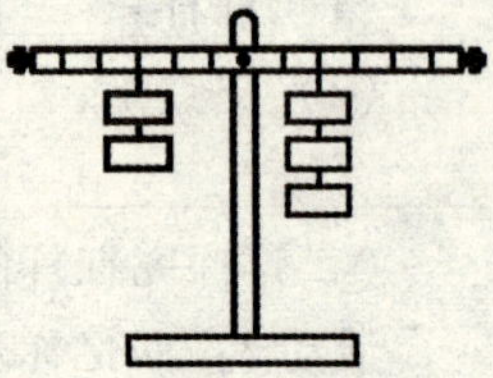

5. 分析实验数据，看看木尺平衡的条件是什么？
  结论：_____。

图 10-4

	左边			右边	
	动力 F_1/N	支点到力的作用点距离 L/cm	支点到力的作用线距离 L_1/cm	阻力 F_2/N	距离 L_2/cm
1					
2					

三、展示美

将自己的收获与同学分享，把在学习中的质疑向同学或老师提问。

四、升华美

（1）动力臂是：_____。
阻力臂是：_____。
（2）杠杆的平衡条件为：_____。

五、实现美

举例说明生活中的杠杆，并说明其力臂。

第二学时

一、发现美

通过预习课文,你学会了什么,有哪些疑问,请简要记录下来。

二、各美其美(美美与共)

活动4:如图所示,标出其中杠杆的支点,并画出动力、阻力、动力臂、阻力臂。

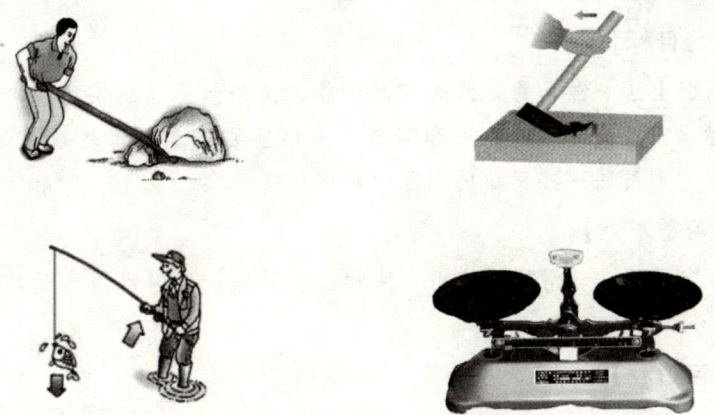

图 10-5

1. 根据生活经验,你认为上图中的杠杆哪些是省力的?哪些是费力的?哪个既不省力,也不费力?

2. 根据杠杆的平衡条件分析,为什么有的杠杆省力?有的杠杆费力?有的既不省力又不费力?

三、展示美

向其他同学或老师提问,并大胆发表自己的观点。

四、升华美

完成课本中的习题。

五、实现美

生活中还有哪些省力杠杆、费力杠杆、等臂杠杆？请列举几例，并画出这些杠杆的示意图。

第二节　滑轮及其应用

【学习目标】

能识别生活中常见的定滑轮、动滑轮、滑轮组；通过实验探究，理解定滑轮、动滑轮、滑轮组的作用和实质；能根据要求选择滑轮或组装滑轮组，学会利用它们解决一些简单的实际问题。

【学习重难点】

理解定滑轮、动滑轮的使用方法和工作特点；理解动滑轮的实质及工作特点。

【学习过程】

一、发现美

1. 通过预习课文，你学会了什么，有哪些疑问，请简要记录下来：

2. 列举生活中常用的滑轮，并与其他同学互相交流。

二、各美其美（美美与共）

（一）定滑轮和动滑轮

活动1：组装滑轮，提升重物

1. 用铁架台、滑轮（一个）、细线（一根）、钩码组装滑轮，利用你组装的滑轮将钩码提升一定的高度，你能想出几种组装方法？

2．同学之间交流组装方法，并讨论各种组装方法有哪些异同点？

（1）使用滑轮时，滑轮的轴固定不动的叫做_____。

（2）使用滑轮时，轴随物体一起运动的滑轮做_____。

活动2：定滑轮的作用和实质

1．用弹簧测力计测量使用定滑轮拉起重物（钩码）的拉力，改变拉力的方向多次测量，并记下每次拉力的大小，比较拉力的大小与物重有什么关系？

2．比较定滑轮和等臂杠杆，它们有哪些相同和不同之处？

请画出图（b）、（c）中的两个力臂，由图可知，定滑轮实质上相当于一个_____杠杆，因此拉力和物体重力的关系是：_____，即使用定滑轮不能省力，但可以_____。

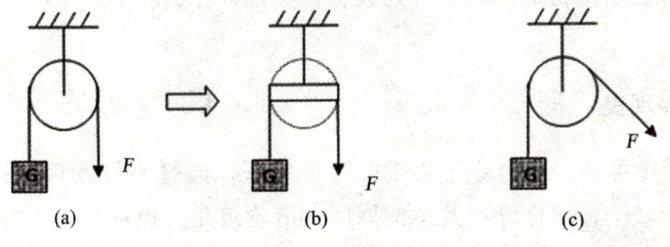

图 10－6

活动3：动滑轮的作用和实质

1．先猜想使用动滑轮提起重物（钩码）时拉力的大小，然后用弹簧测力计进行测量，比较拉力的大小与物重有什么关系？

2．动滑轮的实质是什么？与其他同学相互交流你们的观点。

如图所示，请画出动滑轮的动力臂和阻力臂，由图可知，动滑轮实质上相当于一个_____杠杆，因此拉力和物重的关系是：_____。即使用动滑轮可以_____。

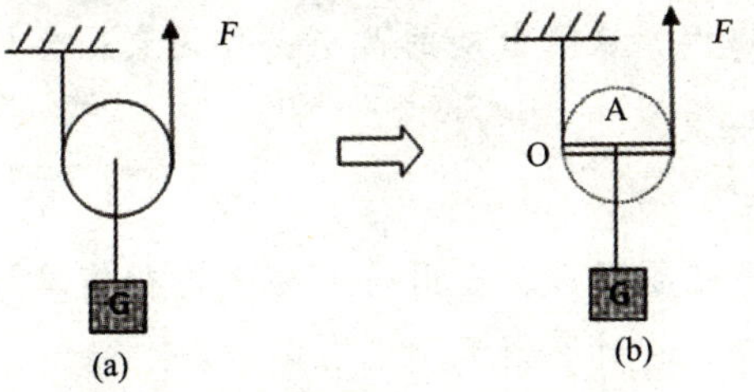

图 10－7

三、展示美

将自己的收获与同学分享,把在学习中的质疑向其他同学或老师提问。

四、升华美

(一)使用定滑轮和动滑轮各有什么优点和不足?

(二)活动4:组装滑轮组并探究滑轮组的省力情况。

1. 把一个定滑轮和一个动滑轮组合成滑轮组,动手做一做,并画出你所组装的滑轮组,你还能设计其他的组合方式吗?

2. 按照课本图所示的方式进行探究,把提起重物使用的拉力与物重相比较,再数一数承担物重的绳子有几股,你能发现什么?

五、实现美

由动滑轮可知:拉力等于物重的二分之一,通过测量发现,拉力却大于物重的二分之一,请你分析其中的原因。滑轮组是否也存在类似的问题?

第三节 做功了吗

【学习目标】

结合实例理解机械功的概念,会判断各种事例中物体是否做功;通过归纳生活中大量做功实例,认识做功的两个必要因素;会用功的公式进行简单计算。

【学习重难点】

理解做功的两个必要因素,会用功的公式进行简单计算;判断在什么情况下力对物体做了功,在什么情况下没有做功。

【学习过程】

一、发现美

若不计弹簧测力计所受重力、绳重、机械重及各种摩擦，如图所示，用弹簧测力计将物重为 G 的物体匀速提升一段距离 h，则拉力大小为 $F=G$，拉力的作用点移动的距离为 $s=h$；如图 10-8 所示，①若使用图中的杠杆，已知 $OA=2OB$，则拉力大小为 $F_1=$ _____，拉力的作用点移动的距离为 $s_1=$ _____；②若使用定滑轮，则拉力大小为 $F_2=$ _____，拉力的作用点移动的距离为 $s_2=$ _____；③若使用动滑轮，则拉力大小为 $F_3=$ _____，拉力的作用点移动的距离为 $s_3=$ _____；④若使用图中的滑轮组，则拉力大小为 $F_4=$ _____，拉力的作用点移动的距离为 $s_4=$ _____。

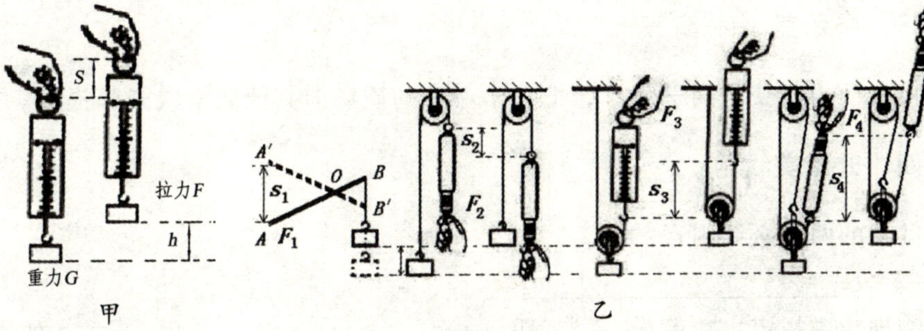

图 10-8

通过预习课文，你学会了什么，有哪些疑问，请简要记录下来。

二、各美其美（美美与共）

活动1：
（1）分析"课前准备"中"回忆复习"的内容，在各种提升物体的方法中，拉力与上升距离的乘积有何特点？

（2）阅读课文"机械功"部分的内容，理解物理学中给力和物体在力的方向上移动距离的乘积赋予了什么物理意义。

活动2：根据课本中图示（a）和（b）两个做功的实例和（c）没有做

的实例分析下列问题。

①归纳一个物体对另一个物体做功必须具备什么条件？

②根据做功的两个必要因素，列举生活中一个物体对另一个物体做功的实例，并与其他同学交流。

③分析下列实例是否做功，并说明你判断的依据。
a. 人搬石头，但没有搬动；
b. 人在平直路面上将油桶推到仓库里；
c. 举重运动员把杠铃举在空中，停留了5秒钟；
d. 冰块在光滑的冰面上匀速滑动。

三、展示美

将自己的收获与同学分享，把在学习中的质疑向其他同学或老师提问。

四、升华美

做功的两个必要因素：（1）_____。
（2）_____。
物理学中规定，功等于_____跟_____的乘积，即功 = _____，用公式表示 $W =$ _____。其中 W 表示_____，单位是_____；F 表示_____，单位是_____；s 表示_____，单位是_____。

物理学中把_____和物体在力的方向上_____的乘积叫做机械功，简称_____。

五、实现美

1. 估算一下，用手匀速托起4个鸡蛋升高1米，手对鸡蛋做的功大约是多少？把你的物理课本从地上捡起来，放在课桌上，你做的功大约是多少？

2. 在平地上，小明用50 N的水平推力推动重100 N的箱子，前进了10 m，小明做了多少功？如果把这个箱子匀速举高1 m，他做了多少功？

3. 你认为计算功的多少时，需要注意哪些问题？

第四节　做功的快慢

【学习目标】

经历建立功率概念的过程，明确功率的含义——表示做功的快慢；知道功率的定义、公式、单位，了解常见动物和交通工具的功率；通过对比功率和速度概念的建立过程，了解比值定义物理量的方法；会进行有关功率的简单计算。

【学习重难点】

功率的概念、意义、及计算。

【学习过程】

一、发现美

1. 回顾"第三章第三节快与慢"中速度的定义、公式及单位（简要记在下面）。

2. 家庭实验

请与同学或家人合作，测量你上楼时的有关数据，填入下表中，以供课堂讨论和计算用。（请勿一味求快，务必确保安全）

你的质量 m/kg	上楼的高度 h/m	所用的时间 t/s		

通过预习课文，你学会了什么，有哪些疑问，请简要记录下来：

二、各美其美（美美与共）

活动1：仔细观察课本中的图，思考讨论两幅图中，谁做功快？谁做功慢？与同学相互交流你的判断方法。

要比较做功的快慢，可以采用的方法有：

（1）_____。

（2）_____。

思考：要比较做功的快慢，需要考虑哪些因素？如果做功的多少和所用的时间都不相同，怎样比较做功的快慢？

活动2：阅读课本内容。

（1）功率的定义：_____。

（2）功率的公式：_____。

（3）功率的单位：_____。

思考1：课本对功率的定义采用的是上面比较做功快慢的方法中的哪一种？

思考2：功率概念的引入方法和速度概念的引入方法是类似的，你还知道哪些采用这种方法来引入的物理量？比较这些物理量的引入过程，你能发现哪些相同之处？

活动3：阅读课本表格中一些动物和交通工具的功率。

1．明确这些功率所表示的含义是什么？

2．马拉车长时间的功率为450 W，表示马每秒做功_____J。

三、展示美

你还知道哪些动物和机器的功率，写出来，并与同学或老师交流。

四、升华美

完成课本中的练习题。

五、实现美

利用课前测得的有关上楼的数据，计算自己上楼时的功率。然后与其他同学交流，思考下面的问题：

谁做的功最多？谁的功率最大？两者是否一致，为什么？

第五节　合理利用机械能

【学习目标】

知道什么是动能、重力势能、弹性势能、机械能；知道动能、重力势能、弹性势能的大小跟哪些因素有关，经历探究动能和重力势能的大小跟哪些因素有关的过程，学习运用控制变量法研究问题，培养严谨的科学态度；知道动能、重力势能、弹性势能可以相互转化，并能解释自然界中机械能相互转化的现象，认识到自然界中的事物都不是孤立的，是相互联系的。

【学习重难点】

初步理解动能、势能以及机械能的概念；动能势能之间的相互转化。

【学习过程】

第一学时

一、发现美

1. 自带物品

1号干电池一节、2号干电池一节、木块（或泡沫块）、橡皮、硬纸板等。

2. 预习记录

通过预习课文，你学会了什么，有哪些疑问，请简要记录下来：

二、各美其美（美美与共）

1. 列举生活中能够做功的物体。

如果一个物体_____做功，我们就说这个物体具有能量。物体做功的过程就是_____的过程，物体做的功越多，说明某种能转化为_____的能越多。国际单位制中，功的基本单位是焦（J），能的单位也是_____。

2. 运动着的不同物体具有的动能大小一样吗？你认为动能的大小可能跟哪些因素有关？根据上面的活动和你的生活经验，提出你的猜想。

3. 要研究动能的大小跟质量是否有关，应保持_____不变，改变_____，比较_____；要研究动能的大小跟速度是否有关，应保持_____不变，改变_____，比较_____。

4. 根据以上思路，自选器材，设计实验。
提供的器材有：
A．1号干电池　　B．2号干电池　　C．木块（或泡沫块）
D．橡皮　　E．硬纸板　　F．大钢球　　G．小钢球
H．斜面
所选器材是_____。
思考：所选器材在实验中各起什么作用？动能的大小如何显示？

5. 按照自己的设计方案进行实验。

6. 通过实验，可以得到什么结论？

三、展示美

将自己的收获与同学分享，把在学习中的质疑向其他同学或老师提问。

四、升华美

1. 质量相同时，速度_____的物体具有的动能_____。
2. 速度相同时，质量_____的物体具有的动能_____。
3. 物体的动能与物体的_____和_____有关，_____越大，_____越

大，物体具有的动能就越大。

4．动能：物体由于_____具有的能量。

5．势能：物体由于_____或发生_____具有的能量叫势能，前者叫做重力势能，后者叫做_____。

6．动能和势能统称_____能。

五、实现美

1．射出的箭、运动的球、流动的水、流动的空气等物体都能够做功，它们有什么共同点？

2．悬吊的电扇、起重机吊起的重物、被举起的杠铃等物体都能够做功，它们有什么共同点？

3．张开的弓、变形的撑杆、蹦极时张紧的橡皮绳等物体都能够做功，它们有什么共同点？

第二学时

一、发现美

1．回顾上节课所学的内容，请把上节课所学的知识要点简要记录下来。

2．家庭实验
自制小方桌：取一块方形的薄木板，用锤子轻轻地在木板的四角钉四根相同的钉子（为防止木板劈裂，事先可以先用锥子在四个角锥四个小孔），小方桌就制成了，带到课堂备用。

3．自带物品
课前请带来下列物品：小石块、较大的石块、自制的小方桌、纸盒、沙子、海绵块、细线、螺母等物体。

4．预习记录
通过预习课文，你学会了什么，有哪些疑问，请简要记录下来。

二、各美其美（美美与共）

1. 被举高的不同物体具有的重力势能大小一样吗？你认为重力势能的大小可能跟哪些因素有关？根据你已有的知识和生活经验，提出你的猜想。

2. 要研究重力势能的大小跟质量是否有关，应保持_____不变，改变_____，比较_____；要研究重力势能的大小跟高度是否有关，应保持_____不变，改变_____，比较_____。

3. 根据以上设计思路，自选器材，设计实验。
提供的器材有：
A. 小石块　　B. 较大的石块　　C. 自制的小方桌
D. 纸盒　　E. 沙子　　F. 海绵块　　G. 钩码
所选器材是_____。

4. 所选器材在实验中各起什么作用？重力势能的大小如何显示？

5. 按照自己的设计方案进行实验。

6. 通过实验，可以得到什么结论？

三、展示美

将自己的收获与同学分享，把在学习中的质疑向其他同学或老师提问。

四、升华美

1. 质量相同时，高度_____的物体具有的重力势能_____。

2. 高度相同时，质量_____的物体具有的重力势能_____。

3. 物体的重力势能与物体的_____和_____有关，_____越大，_____越大，物体具有的重力势能就越大。

4. 弹性势能的大小跟哪些因素有关？设计什么实验可以证明你的猜想？生活中有哪些事实或现象也能证明你的猜想？

五、实现美

单摆实验：用细线拴住螺母制成一个单摆，将螺母拉到一定的高度释放，仔细观察小球的摆动情况。

滚摆实验：将悬吊滚摆的绳子缠绕在滚摆上，放开手。仔细观察滚摆的上下运动情况。

1. 比较螺母在最高点和最低点的势能和动能的情况：当螺母从最高点向最低点运动的过程中，动能和势能是如何变化的？当螺母从最低点向最高点运动的过程中，动能和势能又是如何变化的？

2. 以上实验能说明什么？

3. 分析蹦床运动员在蹦床比赛中能量的转化。

4. 为什么滚摆每次上升的高度一次比一次低？

第十一章　小粒子与大宇宙

第一节　走进微观学案

【学习目标】

能简单说明物质是由分子和原子组成的，了解分子动理论的基本观点；了解原子的核式模型，能用图形、文字和语言描述原子、分子模型；对物质世界从微观到宏观的尺度由大致的数量级及概念；大致了解人类对物质世界的探索经历了漫长的过程，并认识到随着科学的不断进步，这种探索将不断深入。

【学习重难点】

物质是由分子和原子组成的，原子的核式结构模型；探索微观世界的科学方法的形成过程。

【学习过程】

一、发现美

阅读课本，思考以下两个问题。

1. 宇宙万物，变化万千，大到天体，小到原子，它们的运动，它们的组成，引发了我们人类无限的遐想，激发了一代代科学家对它们孜孜不倦的观察和研究。那么，我们这绚丽的世界到底是由什么组成的呢？

2. 目前，人类能观测到的最远和最近的距离是多少？

3. 希腊人认为宇宙万物由水、火、土、气组成，称为"_____"。

4. 我们的祖先认为宇宙万物由金、木、水、火、土组成，称为"_____"。

5. 1811年，意大利物理学家阿伏伽德罗（A. Avogadro，1776～1856）最早把能保持物质化学性质不变的颗粒命名为"_____"。

二、各美其美（美美与共）

分子已经很小了，那么它是不是可以再分呢？

通过阅读课本将下列表格补充完整。

时间	微观世界的科学发现
19 世纪初	
1897 年	
1909 年	
20 世纪初	
20 世纪 60 年代	
20 世纪中叶	

三、升华美

1. 一百多年来，科学家们一直在微观世界领域不懈地探索着。下列微粒按空间尺度从大到小排列的顺序是（　　）

A. 分子　夸克　质子　电子

B. 分子　原子核　质子　夸克

C. 原子核　电子　质子　分子

D. 分子　原子　电子　原子核

2. 下列关于分子和原子的说法，正确的是（　　）

A. 原子是不可再分的最小粒子

B. 分子是不可再分的最小粒子

C. 原子结构与太阳系十分相似，它的中心是原子核

D. 分子结构与太阳系十分相似，它的中心是原子

3. 如图 11 – 1 所示，是用来说明原子内部结构的示意图。由图可知：原子是由原子核和_____组成，原子核又是由中子和_____组成；原子核内的质子和中子_____（填"有"或"没有"）更精细的结构。

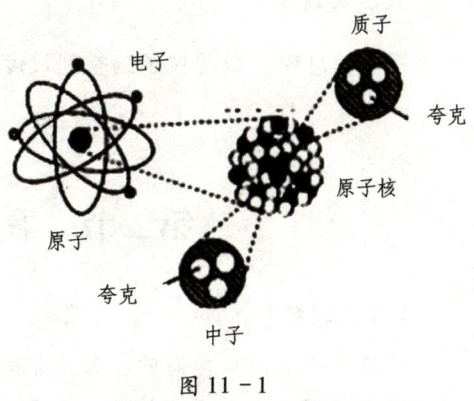

图 11 – 1

4. 如图11-2所示甲是卢瑟福用α粒子轰击原子而产生散射的实验,在分析实验结果的基础上,他提出了图乙所示的原子核式结构,卢瑟福的这一研究过程是一个( )

  A. 建立模型的过程   B. 得出结论的过程
  C. 提出问题的过程   D. 验证证据的过程

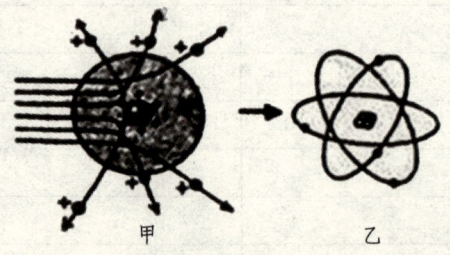

图 11-2

5. 关于原子的内部结构的研究探索,一百多年来,科学家们取得了辉煌的成果,请在下列科学家与研究成果间用线正确连接。
  ①汤姆逊 原子核式结构模型 ②阿伏伽德罗 证明原子
  ③卢瑟福 发现了电 ④道尔顿 第一个把组成物质的颗粒命名为"分子"

四、展示美

结合自己或组里实验与讨论的结论,踊跃反馈给全体同学

五、实现美

了解信息窗:微观粒子的空间尺度。

第二节 看不见的运动

【学习目标】

  知道分子之间存在间隙;知道扩散现象、扩散现象、扩散的成因、扩散的规律;了解分子动理论的基本观点;能根据实验事实,运用分析推理方法

得出科学的结论；能用分子动理论解释有关现象。

【学习重难点】

归纳出分子的动理论的基本观念；用宏观的物理现象揭示物质的微观结构。

【学习过程】

一、发现美

通过上节的学习我们知道，物质是由大量分子构成的。那么组成物质的分子如何排列？分子是否像宏观物体一样会运动？分子间是否会有作用力？

我的猜想：_____。

二、各美其美（美美与共）

活动一：分子的排列

利用桌上的实验器材完成课本中要求的水与酒精的混合实验。

1. 水与酒精的混合后的总体积有无变化？_____，怎样变化？_____。

实验表明：液体分子之间确实在_____。

2. 将机油一个壁很厚、相当坚固的钢筒中，然后加上2万个标准大气压，结果机油从钢筒壁里渗透出来。

该实验表明：固体分子间也存在着_____。

结论：大量实验表明：组成物质的分子确实存在着_____。

信息窗：

转换法 物理学中对于一些看不见摸不着的现象或不易直接测量的物理量，通常用一些非常直观的现象去认识或用易测量的物理量间接测量，这种研究问题的方法叫转换法。初中物理在研究概念规律和实验中多处应用了这种方法。例如：影子的形成可以证明光沿直线传播；月食现象可证明月亮不是光源。

活动二：分子运动吗？

1. 利用老师提供的实验器材，完成课本中的实验。

你观察到的实验现象：_____。

根据观察到的实验现象，得到的结论：气体和液体的分子是_____。

2. 实例介绍：把磨得很光滑的铅片和金片紧压在一起，在室温下放置五年后再将它们切开，可以看到它们彼此互相渗透约 1 mm 深。

该实验表明：固体分子也是_____。

结论：大量实验表明：组成物质的分子是在永不停息地_____。

活动三：分子之间存在力的作用吗？

利用老师提供的实验器材，完成课本图 10-18 和图 10-19 的实验。

实验现象：

1. 压紧的铅块，下面吊一个重物时_____（选填"能"或"不能"）把两个铅块拉开。

2. 压缩水时，水_____（选填"容易"或"不容易"）被压缩。

根据观察到的实验现象，并认真思考，得到的结论：

物体很难被拉开，说明分子间存在_____；物体很难被压缩，说明分子间存在_____（选填"引力"或"斥力"）。

活动四 物质中的分子状态

阅读课本内容并思考，为什么固体有一定的体积和形状，液体没有确定的形状，但有一定的体积，而气体既没有一定的形状也没有一定的体积？

三、升华美

1. 物体是由大量_____组成的，分子间是有_____的，分子在不停息地_____运动，分子间存在_____的作用。这就是分子动理论的初步知识。

2. 在一杯 100 ml 的水中加入体积为 10 cm^3 的方糖，搅动一下使糖溶化，发现总体积为 109 ml，这种现象表明_____。

3. 吸烟有害健康，吸"二手烟"危害更大，因此公共场所有禁止吸烟的标志。如图所示，在空气不流通的房间内，只要有一个人吸烟，整个房间就会充满烟味，造成其他人吸二手烟，这是由于分子在_____，在公共场所，为了他人的健康，请你给吸烟者提出一条合理的建议：_____。

图 11-3

4. 一段铁丝很难被拉开，说明分子间存在_____。（选填"引力"或"斥力"）

5. 夏天，长时间使用空调会使室内的空气变得十分干燥。因此人们常在室内放上一盆清水以增加空气的湿度，这种方法可以说明（   ）

A. 水分子由原子构成　　　　B. 水分子的体积变大

C. 水分子间有相互作用力 D. 水分子在不断运动

6. 如图 11-4 所示，这个实验表明（　　）

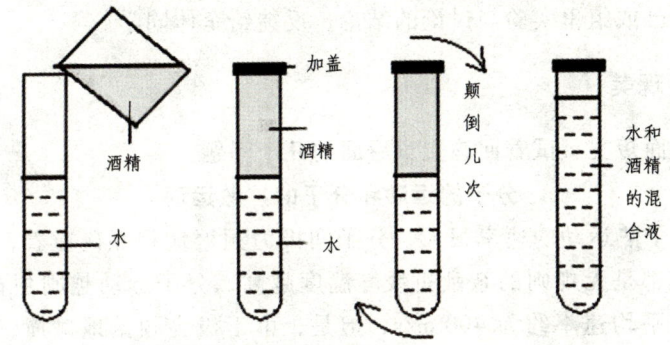

图 11-4

A. 物质是由大量分子构成的 B. 分子在不停的运动
C. 分子间有间隙 D. 分子间存在引力

7. 下列事例中，不能说明分子运动的是（　　）

A. 炒菜时，我们闻到香味
B. 在阴凉的地方晾衣服，衣服变干了
C. 腌咸蛋时，时间久了，蛋变咸了
D. 扫地时，灰尘在空中飞舞

8. 下列现象不是利用分子引力的是（　　）

A. 用粉笔在黑板上写字
B. 将透明胶带按在写错的字上，用力把错字"揭"下来
C. 钉子钉在墙上，钉子掉不下来
D. 靠得很近的两滴水银自动结合成一滴

9. 关于物质的状态及分子结构，下列说法中不正确的是（　　）

A. 固态物质中，分子排列十分紧密
B. 液态物质中，分子运动比较自由，分子间的作用力比气态的小
C. 液体没有固定的形状
D. 液体和气体都具有流动性

10. 下列现象用分子动理论解释正确的是（　　）

A. 石灰石能被粉碎成粉末，说明分子很小
B. 空气能被压缩，说明分子间有引力
C. "破镜不能重圆"，说明分子间有斥力
D. 堆煤的墙角时间久了会变黑，说明分子在不停地做无规则运动

第十一章　小粒子与大宇宙

四、展示美

结合自己或组里实验与讨论的结论,反馈给全体同学。

五、实现美

阅读下面短文,试着回答文章后面的几个问题。

分子的运动和分子的扩散运动

气体分子热运动的速率很大,分子间极为频繁地相互碰撞着,每个分子的运动轨迹都是无规则的杂乱折线. 温度越高,分子运动越剧烈在 0 ℃时,空气分子的平均速率约为 400 m/s,但是,由于极为频繁地碰撞,分子运动的速度大小和方向都在改变,气体分子沿一定方向迁移的速率(即分子扩散运动)就相当慢,所以气体分子扩散的速率比气体分子运动的速率要慢得多。

固体分子间的作用力很大,绝大多数固体分子只能在各自的平衡位置附近振动,这是固体分子运动的基本形式。但是,在一定温度下,固体里也总有一些分子运动速度较大,具有足够的能量脱离平衡位置,这些分子不仅能从一处移到另一处,而且有的还能进入相邻的物体,这就是固体发生扩散的原因。固体的扩散在金属的表面处理和半导体材料生产上应用很广泛。例如,钢件的表面渗碳法(提高钢件的硬度)、渗铝法(提高钢件的耐热性)都利用了扩散现象;在半导体工艺中也利用了扩散法渗入微量的杂质,以达到控制半导体性能的目的。

液体的分子热运动跟固体相似,其主要形式也是振动. 但除振动外,还会发生移动,这使得液体有一定体积而无一定形状,具有流动性,其扩散速度也大于固体。

1. 根据文章的介绍和课堂上的实验,你能否将固体、液体、气体的一般扩散速度按大小排序:

2. 请你猜想一下分子的扩散运动可能跟什么因素有关?怎样用实验验证你的猜想?

3．除文章中提到的扩散应用外，你能否举一例说明其在实际生产和生活中的应用？

第三节　探索宇宙学案

【学习目标】

大致了解人类探索太阳系及宇宙结构的历程；认识到人类对宇宙的探索将不断深入。

【学习重难点】

对宇宙的了解；培养对科学的追求，认识宇宙的科学态度。

【学习过程】

一、发现美

在以下问题中任选一条或几条，查阅资料收集信息。

1．中国古代关于宇宙结构的学说。
2．"地心说"和"日心说"。
3．伽利略和天文望远镜。
4．世界上第一颗人造地球卫星。
5．人类第一次乘飞船进入太空。
6．"阿波罗"号宇宙飞船。
7．"神舟号"宇宙飞船。
8．太阳系、银河系及河外星系。

二、各美其美（美美与共）

1．宇宙是怎样构成的？如何探索广袤的宇宙呢？谈一谈你的想法。
2．阅读课本请完成下列问题。
（1）古代人们主要靠什么来认识宇宙？对此你有什么评价？
（2）什么是"地心说"？谈谈你对地心说的看法。
（3）说一说随着科学技术的发展人类在探索宇宙的历程中取得了哪些

成就？

3. 阅读课本，思考下列问题。
（1）太阳系的结构
（2）银河系及宇宙的结构

三、展示美

结合自己或组里实验与讨论的结论，反馈给全体同学。

四、升华美

1. ①地球 ②太阳系 ③宇宙 ④银河系，请将他们按从大到小的顺序排列＿＿＿＿＿＿＿＿＿＿＿＿＿＿＿＿。
2. 哥白尼认为，宇宙的中心是（　　）
  A. 地球　　　B. 太阳　　　C. 月球　　　D. 火星
3. 下面的四个选项中有一个跟其他的三个不同类的是（　　）
  A. 太阳　　　B. 织女星　　C. 比邻星　　D. 地球
4. 下列在宇宙探索过程中的一些学说中，既具有科学价值又具有巨大的人文价值的是（　　）
  A. 古人命名了许多星座　　　B. 托勒枚提出"地心说"
  C. 哥白尼提出"日心说"　　　D. 伽莫夫提出"宇宙大爆炸学说"
5. 在下列个星球中，属于恒星的是（　　）
  A. 地球　　　B. 月球　　　C. 水星　　　D. 太阳
6. 下列物体的尺度由大到小排列正确的是（　　）
  A. 宇宙、太阳、地球、人、分子、质子、夸克
  B. 宇宙、太阳、地球、人、质子、分子、夸克
  C. 宇宙、太阳、地球、夸克、人、质子、分子
  D. 宇宙、地球、太阳、人、质子、夸克、分子

五、实现美

随着科学技术的进一步发展，人类探索宇宙的步伐将不断加快。请展开想象的翅膀，说一说你理想中未来的宇宙会是什么样的？

下篇 九年级物理导学案

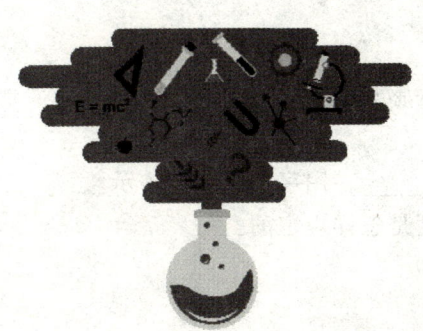

第十二章 温度与物态变化

第一节 温度与温度计

【学习目标】

能说出自然界的水循环现象；能说出水的三种状态的特征，知道物态变化现象；知道温度的概念，能说出生活和自然环境中常见的温度值；了解液体温度计的工作原理，会用常见温度计测量温度；会用温度的常用单位和国际单位制单位来表示温度。

【学习重难点】

设计测温度的仪器（温度计）；正确使用温度计。

【学习过程】

一、发现美

阅读课本，结合生活经历思考：

1. 通常情况下，物质存在的状态有_____、_____和_____；平时我们见到的铁是_____态，酒精是_____态，空气是_____态。

2. 在一定的条件下，物质的这三种状态会_____，在物理学中，将物质由一种状态向另一种状态的变化称为：_____。

二、各美其美（美美与共）

（一）温度与常见的温度。

1. 将手伸入冷水与热水中，说说有什么感觉？

2. 由此可知温度是表示物体的_____，用字母_____表示。

3. 摄氏度的规定：阅读课本说说摄氏度是怎样规定的？

4. 说说生活中常见的温度值。

（二）温度计及温度计的使用。

1．实验：把温度计放入热水和冷水中看看温度计的液柱有什么变化？

2．根据液体温度计液柱变化你知道温度计的制造原理吗？

3．阅读课本，并讨论液体温度计使用注意事项有哪些？

4．观察体温计的构造，体温计与液体温度计有什么不同？

三、展示美

把自己知道的和同学交流，将不懂的问题向同学或老师提出质疑。

四、升华美

1．温度是表示物体的_____程度的物理量。
2．生产生活中常用的温度单位名称是_____，符号是_____，国际单位制中采用_____温标单位名称是_____符号是_____。
3．温度计在使用前要注意观察它的_____和_____。
4．用温度计测液体温度时，液泡要_____在液体中_____（填'碰'，或"不碰"）容器壁和容器底。
5．读数时温度计的液泡要_____在液体中，读数的视线要与温度计液柱的上表面_____。
6．温度计的原理：利用液体的_____原理进行工作。

五、实现美

1．下列温度最接近23℃的是（　　）
　A．人体的正常体温　　　　B．济南冬季的最低气温
　C．人体感觉舒适的气温　　D．冰水混合物的温度
2．到生活中去观察与温度有关的现象并写出观察报告。

第十二章　温度与物态变化

第二节　熔化与凝固

【学习目标】

了解熔化和凝固的含义，了解晶体和非晶体的区别；知道物质的固态和液态是可以相互转化的；通过探究固体在熔化时温度和状态的变化规律，感知发生状态变化的条件；了解熔化、凝固曲线的物理含义；通过探究，进一步感知用图像法研究物理量变化的优点；并知道有没有熔化温度是区别晶体和非晶体一种方法；培养自己的分析概括能力和应用知识解决问题的能力；通过科学探究活动，初步掌握通过比较及图像等科学探究方法；通过探究活动激发对自然现象的关心和乐于探索自然现象奥秘的情感。

【学习重难点】

通过观察晶体与非晶体的熔化、凝固过程，培养自己的观察能力，实验能力和分析概括能力。

【学习过程】

一、发现美：

阅读课本，再填一填：

1. 温度是用来描述物体_____的物理量。常用的液体温度计是根据_____性质制成的，把_____规定为0℃，把_____规定为100℃。

2. 用一支原来示数为38℃的体温计，未经下甩，便去测量一个正常人的体温，如果当时气温是35℃，那么体温计的示数为（　　）

A．38℃　　　B．37℃　　　C．36℃　　　D．35℃

3. 物态变化：物质由一种状态变成另一种状态的过程。

熔化：物质由_____态变成_____态。凝固：物质由_____态变成_____态。

二、各美其美（美美与共）

1. 实验探究：海波（冰）和石蜡在熔化过程的温度变化规律

阅读课本，结合自己的生活经验

提出问题：

猜想与假设：

设计实验

进行试验

数据记录：

时间/min	1	2	3	4	5	6	7	8	9
海波的温度/℃									
蜡的温度/℃									

利用数据作出温度随时间变化的图像，然后说明熔化的过程中温度变化特征，并在坐标中作出海波、蜡的熔化图。

探究、寻找规律：

a、海波熔化过程中需要不断地_____热量，并且温度_____。

b、石蜡熔化过程中需要_____热量，但温度_____。

2. 熔点和凝固点：

固体 { 晶体：在熔化时温度不变，晶体熔化的温度叫_____。
       非晶体：在熔化时温度不断上升，没有熔点。

晶体有一定的凝固温度，叫_____，非晶体没凝固点，同一晶体的熔点_____凝固点。不同晶体熔点不同，记住冰的熔点。熔化时吸热，凝固时放热。

3. 阅读课本记住一些常见晶体的熔点和凝固点。

第十二章 温度与物态变化

三、展示美

相信自己，大胆质疑。

四、升华美

1. 如图 12-1 所示，描述晶体熔化的图像应是（ ）

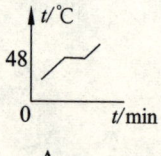 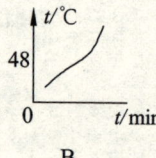 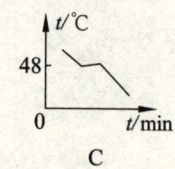 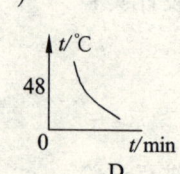
A　　　　　　　B　　　　　　　C　　　　　　　D

图 12-1

2. 图所示是 A、B 两种物质熔化时的温度—时间图象，其中_____物质是晶体，它的熔点是_____℃，在第 8 min 时，这种晶体处于_____状态。

五、实现美

1. 下列自然现象中，属于熔化现象的是（ ）
　A. 春天，冰雪消融　　　　B. 夏天，露水晶莹
　C. 秋天，薄雾缥缈　　　　D. 冬天，瑞雪纷飞

2. 如图 12-2 所示是今年年初我国南方雪灾中高压电线上结起的冰挂，它严重地破坏了电力设施。冰挂主要是（ ）
　A. 由水蒸气液化而成的
　B. 由水蒸气凝华而成的
　C. 由水凝固而成的
　D. 由水汽化而成的

图 12-2

3. 如图 12-3 所示是某物质熔化时其温度随时间变化的图像，根据该图像你能获得哪些有价值的信息，请写出两条（ ）

信息一：_____。
信息二：_____。

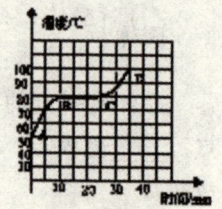

图 12-3

4. 某固态物质加热后成了液态，随后停止加热让它

冷却，并记录温度与时间的变化关系如右表，请你分析实验数据并回答。

(1) 该物质_____晶体（填是或不是）其理由是_____。

(2) 在第 10 min 该物质存在的状态是_____。

(3) 通过分析表中的实验数据，写出一条新的发现_____。

时间/min	0	2	4	6	8	10	12	14	16	18	20	22
温度/℃	98	91	85	80	79	79	79	75	71	67	64	61

5. 学习物态变化时，老师写了一幅对联，上联是"杯中冰水，水放热结冰温度不降"；下联是"盘内水冰，冰吸热化水温度未升"。该对联先后包含的两种物态变化分别是_____和_____，它还说明了冰是一种_____（填"晶体"或"非晶体"）。

第三节　汽化与液化

【学习目标】

能举出生活中的汽化、液化现象，知道汽化是吸热过程，液化是放热过程；说出水蒸气的形成过程及放热现象；能对实验现象和自然现象进行分析、归纳，总结出物态变化的一般规律；会用物态变化的规律解释自然界或生活中一些简单的物态变化现象。

【学习重难点】

观察蒸发现象，知道影响蒸发的快慢因素；设计实验，观察水的沸腾现象教育网。

【学习过程】

一、发现美

1. 观察水的汽化与水蒸气的液化实验，你发现_____。

2. 阅读课本，结合生活中的实例，思考回答：

汽化：物质从_____态变为_____态的过程，需要_____热。

液化：物质从_____态变为_____态的过程，需要_____热。

3. 水沸腾的两种方式：_____。

4. 植物上的"露珠"、山林中的"雾"是怎样形成的，说说你的看法。

二、各美其美（美美与共）

1. 实验探究：水沸腾的特点

提出问题：

猜想与假设：

设计实验：

进行试验：

数据记录：

时间/min	1	2	3	4	5	6	7	8	9
水沸腾的温度/℃									

利用数据作出水沸腾时温度随时间变化的图像。

分析数据和图像可知：水在沸腾的过程中温度变化规律是什么？

2. 阅读课本，结合自己的生活经验回答

（1）液体的蒸发快慢与哪些因素有关？

（2）为什么发高烧的病人要用酒精擦拭来降温？

3．在生活中有哪些液化现象？举例说明。

4．液化过程中温度怎么变化？是吸热还是放热？

三、展示美

相信自己，大胆质疑。

四、升华美

完成课本中的练习题。

五、实现美

1．解释课本上的迷你小实验。

2．为什么夏天装有冰水的杯子外壁常能看到小水珠？

第四节　升华与凝华

【学习目标】

举出生活中的升华、凝华现象，知道升华是吸热过程，凝华是放热过程；说出霜的形成过程及放热现象；能对实验现象和自然现象进行分析、归纳，总结出物态变化的一般规律；会用物态变化的规律解释自然界或生活中一些简单的物态变化现象。了解电冰箱的基本原理及生产"无氟冰箱"的意义，有环境保护的意识。

【学习重难点】

知道升华、凝华现象及它们各自的吸、放热情况；解释生活中的升华、凝华现象；了解升华、凝华在日常生活中的应用。

【学习过程】

一、发现美

1. 观察碘的升华与凝华实验，你发现了什么？

2. 升华：物质从_____态变为_____态的过程，需要_____热。
凝华：物质从_____态变为_____态的过程，需要_____热。

3. 舞台上的"白雾"是怎样造成的，说说你的看法。

4. 凝华的现象你知道有哪些吗？说说看

二、各美其美（美美与共）

1. 物态变化中的吸热过程有_____、_____、_____。物态变化中的放热过程有_____、_____、_____。

2. 填写相应的物态变化及吸、放热情况。
冬天玻璃窗户上的冰花_____、需要_____热。
用铁水浇铸成工件_____、需要_____热。
从游泳池上来感到凉爽_____、需要_____热。
春天水池中的冰融化了_____、需要_____热。
夏天放在衣柜中的樟脑丸不见了_____、需要_____热。
秋天看到草上的露水_____、需要_____热。

3. 利用干冰使运输中的食品降温，防止食品腐烂变质，这是应用了（　　）
 A．干冰熔化吸热　　　　B．干冰液化放热
 C．干冰升华吸热　　　　D．干冰凝华放热

4. 用久了的白炽灯内壁会变黑，这一变化中，组成灯丝的物质钨发生的是（　　）
 1．汽化与凝华　　　　　B．汽化与凝固
 C．升华与凝华　　　　　D．升华与凝固

三、展示美

把自己知道的和同学交流，将不懂的问题向同学或老师提出质疑。

四、升华美

1. 在舞台喷洒干冰（固态 CO_2）可以产生雾，形成舞台上所需的效果，这种雾气是（　　）

  A. CO_2 气体迅速液化而形成的小液滴

  B. 利用干冰升华形成的二氧化碳

  C. 利用干冰升华吸热，使空气液化形成的雾

  D. 利用干冰升华吸热，使周围空气中的水蒸气液化形成的雾

2. 冷天，在暖和的教室的玻璃窗上会"出汗"或结冰花．下列有关的说法不正确的是（　　）

  A. 玻璃窗上的"汗"是水蒸气液化生成的

  B. 玻璃窗上的"冰花"是水蒸气凝华生成的

  C. "汗"出在玻璃窗上靠教室一面的玻璃上

  D. 冰花结在玻璃窗上靠教室外一面的玻璃上

3. 目前常用的电冰箱利用了一种叫做氟利昂的物质作为热的"搬运工"，把冰箱里的"热""搬运"到冰箱外面，因为氟利昂既容易汽化也容易液化。有关这种电冰箱工作过程的下列说法，正确的是（　　）

  A. 氟利昂进入冷冻室的管子里迅速液化、吸热

  B. 氟利昂进入冷冻室的管子里迅速汽化、吸热

  C. 氟利昂被压缩机压入冷凝器后，会液化、吸热

  D. 氟利昂被压缩机压入冷凝器后，会汽化、放热

4. 有一种"固体粮虫净"，放在粮仓里能预防粮食生虫，"固体粮虫净"过一段时间会变小，在这个过程中所发生的物态变化是（　　）

  A. 凝华　　　　B. 升华　　　　C. 熔化　　　　D. 汽化

5. 经过115.5小时的太空飞行，2005年10月17日"神舟六号"飞船成功降落在内蒙古草原。该飞船表面涂有一层特殊材料，可避免飞船因高速与空气摩擦生热，被烧毁的危险。这种材料起这种作用的主要原因是（　　）

  A. 材料坚硬，不怕热

  B. 材料非常光滑，不易与空气摩擦生热

  C. 材料受热熔化、汽化或升华时吸收了与空气摩擦产生的热

D. 它能把热辐射到宇宙空间

五、实现美

阅读信息窗，并解释相关现象。

第五节 全球变暖与水资源危机

【学习目标】
　　了解全球变暖的原因和影响，了解世界以及我国的水资源情况；知道水污染情况，并能为治理水污染和节约水资源出谋划策。

【学习重难点】
　　养成节约用水的习惯，增强学生对防治污染、保护环境的意识。

【学习过程】

一、发现美：认真看书完成下列问题。

1. ＿＿＿＿＿＿会导致全球变暖，全球变暖会给人类带来哪些不利影响：
　　（1）＿＿＿＿＿＿＿＿＿＿。（2）＿＿＿＿＿＿＿＿＿＿＿＿。
　　（3）＿＿＿＿＿＿＿＿＿＿。（4）＿＿＿＿＿＿＿＿＿＿＿＿。

2. 造成水资源危机的根本原因有：水＿＿＿＿＿＿，气候反常和人为浪费等方面。

3. 水污染主要是指生活污水、工业＿＿＿＿、工业固体废弃物、生活垃圾等对水体的污染，使水质变差而失去了使用价值。

4. 合理利用和保护水资源主要的方法有：
　　（1）节约＿＿＿＿。（2）防治＿＿＿＿。（3）植树＿＿＿＿。

5. 自 1992 年起将世界水日定于每年的＿＿＿＿＿＿＿。

二、各美其美（美美与共）：

1. 物质状态的改变就称作物态的变化，其具体形式有＿＿＿、＿＿＿、

_____、_____、_____、_____。

2. 物态变化总伴随着的_____转移，物态变化的具体形式中吸热的有_____、_____、_____。

3. 我国当前的水环境存在的主要问题有三个：一是水资源_____；二是水_____；三是用水的极大_____。

4. 地球尽管大部分的表面被水所覆盖，但可供人类使用的淡水资源_____。

5. 我国是世界上13个严重缺水的国家之一，淡水资源仅为世界人均水量的1/4。随着人口和经济的快速增长，水资源正面临着严峻的考验，为此，我们应珍惜_____节约_____。

6. 水危机日趋严重，节约水是每个公民义不容辞的职责，请你结合生活提一条节水建议_____
_____。

三、展示美

把自己知道的和同学交流，有不懂的问题与同学交流或老师提出。

四、升华美

1. 主要由于水被污染而产生的后果是（　　）

A、河中鱼虾绝迹　　　　　　B、河流干涸

C、城市地表下沉　　　　　　D、水土流失

2. 人类赖以生存的淡水资源（　　）

A、主要分布在江、河、湖、海中　B、占地球表面积的70%

C、是取之不尽、用之不竭的　　D、不到总水量的1%

3. 近年来，我国很多地方政府都通过了有效的地方性法规，规定不得销售和使用含磷洗衣粉。这是因为这类洗衣粉中的磷会污染（　　）

A、大气　　　B、河流、湖泊　C、食品　　　D、耕地

4. 有的科学家曾这样预言："水，不久将成为一个深刻的社会危机。"下列主要原因中，属于人类活动所造成的是（　　）

①虽然地球上总水量很大，但淡水资源却不富裕

②地球上淡水分布很不均匀

③水被污染的问题日益突出

④不合理地开发利用水资源

第十二章　温度与物态变化

⑤浪费水的现象依然严重存在

A、①②　　　B、③④⑤　　　C、②③④　　　D、①②③④⑤

5. 下列行为中不会造成水污染的是（　　）

A. 生活用水任意排放　　　　B. 使用农家肥

C. 海上原油泄露　　　　　　D. 使用含磷洗衣粉

6. 由于人类活动的不合理性日渐严重，地球上的水资源将逐年减少，如下现象或做法中，不会加剧水资源危机的是（　　）

A. 地球平均气温升高，导致冰川减少

B. 全球变暖，雪山顶白雪正在减少

C. 生活、工业废水排入湖泊中

D. 海水的大量蒸发

7. 在没有食物的情况下，人可以活 30 d，若是没有水，时限便缩短为 3~4 d，因此水是人类生命的基本要素。如图 12-4 所示是一个应急净水器，在大容器中倒入不能直接饮用的水（如泥水、海水等），将杯子放在容器中央，用塑料膜将容器口封好（容器边留一小缝隙），上面压一块石头，使塑料膜形成一个凹面。将制成的净水器放在阳光下，几小时后杯中就可收集到从塑料膜上滴下的纯净水。这种净水器主要是利用了_____和_____两种物态变化来达到净水目的。

图 12-4

五、实现美

1. 如图 12-5 所示为节水徽标，从节水角度看，徽标结构的设计上有哪些寓意和含义，请相互交流谈一谈：

（1）_____。

（2）_____。

（3）_____。

图 12-5

2. 请调查学校附近的一个水体的水质情况，看看水质是否受到污染？主要污染源和污染物都有哪些？并请提出你自己的建议，可以采取哪些措施，改进水质。

第十三章

第一节 物体的内能

【学习目标】
　　了解内能的概念，能简单地描述内能和温度的关系；知道一般情况下，在热传递过程中，物体吸收（放出）热量，温度升高（降低），物体的内能发生改变；知道改变物体内能的两种方式：做功和热传递；了解热量的概念。

【学习重难点】
　　认识分子动能和物体动能，内能和机械能的异同。

【学习过程】

一、发现美

　　1. 运动的物体具有_____，分子不停地做无规则运动，所以分子也具有_____能；发生弹性形变的物体，由于有作用力具有_____，分子间也有相互作用的引力和斥力，所以分子间也有_____，物体_____叫做物体的内能。

　　2. 实例：取三只烧杯，分别倒入冷水、温水和热水，然后分别向三只杯内缓慢地滴入几滴墨汁，发现热水杯内墨扩散的最快。

　　（1）上面实例表明：温度越_____，扩散越_____。

　　（2）分子的热运动与温度有关，温度越高，分子的_____，分子动能越_____，内能越_____。物体的温度低时，分子的热运动_____（停止吗？），所以一切物体_____。

　　（3）物体的内能跟_____有关。_____升高时，物体的内能增加。温度降低时，物体的内能_____。

二、各美其美（美美与共）

　　活动1：议一议你有哪些方法能使一根铁丝的温度升高，内能增大？

活动2：你能将使一根铁丝的温度升高、内能增大的具体做法分类吗？说说你分类的理由。

小结：温度不同的物体互相接触时，低温物体温度升高，高温物体温度_____，这个过程叫做热传递。物体之间发生热传递的条件是存在_____。

在热传递过程中，传递内能的多少叫做热量。热量的单位也是焦耳。物体吸收热量，内能增加，物体放出热量，内能减少。热量是用来量度物体内能改变多少的物理量，_____物体没有热量，我们不能说物体含有热量，也不能说这个物体含有的热量多，哪个物体含有的热量少。即不能说"物体具有或含有热量"。

活动3：①如图13-1甲所示，在一个配有活塞的厚玻璃筒里放一小团硝化棉，把活塞迅速压下去时，看到的现象：_____。这是因为活塞压缩筒内的气体，对筒内气体做功，使气体的内能_____，温度_____，达到了棉花的着火点，所以棉花燃烧。此实验说明：外界对物体做功，物体的内能会_____。

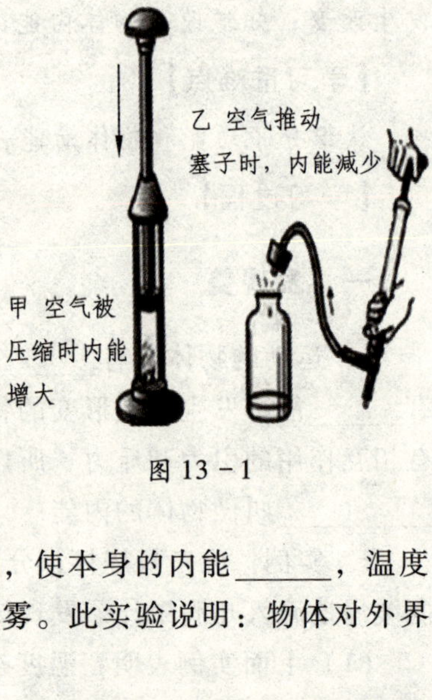

②如图13-1乙所示，烧瓶（或可乐瓶）内盛少量水，给瓶内打气，当瓶塞跳出时，看到的现象：_____。原因是：当瓶塞跳出时，瓶内气体膨胀对塞子做功，使本身的内能_____，温度_____，瓶内水蒸气_____成小水珠，形成白雾。此实验说明：物体对外界做功，物体的内能会_____。

乙 空气推动塞子时，内能减少

甲 空气被压缩时内能增大

图13-1

小结：改变物体内能的方式有_____和_____两种，热传递改变物体内能的实质是_____，做功改变物体内能的实质是_____，做功和热传递在改变物体的内能上是_____的。内能的增加和减少量分别用___和___来量度内能改变的多少。

三、展示美

把自己知道的和同学交流，将不懂的问题与同学交流或向老师提出。

四、升华美

议一议物体的温度、内能、热量关系。

1. 1分钟竞赛。

举出改变物体内能的例子？

2. 讨论达成共识。
（1）物体温度的变化（会、不会）引起内能的变化？
（2）物体温度不变，其内能（可能、不可能）改变？

3. 内能和热量的关系。
（1）物体内能的变化（一定、不一定）伴随着吸收或放出热量？
（2）物体吸收或放出热量（一定、不一定）会引起内能的变化？

4. 热量和温度的关系。
物体吸收或放出热量（一定、不一定）会引起物体温度的变化？

5. 关于物体的内能，下列说法不正确的是（　　）
  A. 炽热的铁水有内能　　　　B. 抛在空中的篮球具有内能
  C. 物体的温度升高时，内能增加 D. 水结成冰后，就不再有内能

6. 火柴可以擦燃，也可以放在火上点燃，前者是用_____的方法使火柴燃烧，后者是用_____的方法使它燃烧。古人钻木取火是通过_____的方式来改变物体内能的。

7. 用锉刀锉铁块时，过一会儿锉刀和铁块的温度都会升高，这是因为_____。放在热汤中的铁勺，勺把儿并没有在汤中，过一会儿也很烫手，这是因为_____。

8. 下列现象中，属于用热传递的方式改变物体内能的是（　　）
  A、菜刀在砂轮上磨得发烫　　　B、用打气筒打气时筒壁发热
  C、两手互相摩擦时手发热　　　D、在炉子上烧开水

9. 关于热量、内能、温度的关系中正确的是（　　）
  A. 物体吸收了热量，它的温度一定升高，内能一定增加
  B. 物体的温度升高，它的内能一定增加，一定是吸收了热量
  C. 物体的内能增加了，它的温度一定升高，一定是吸收了热量

D．以上说法都不对

10．关于温度、热量和内能，下列说法正确的是（　　）

A．温度高的物体内能一定大，温度低的物体内能一定小

B．物体的内能与温度有关，只要温度不变，物体的内能就一定不变

C．内能小的物体也可能将热量传递给内能大的物体

D．物体的温度越高，所含热量越多

11．下列关于内能的说法中正确的是（　　）

A．静止的物体没有内能

B．0℃以下的物体没有内能

C．内能和机械能是同一种形式的能量

D．内能与物体的温度有关

12．在高空飞行的子弹具有_____能_____能，同时还具有_____能，子弹落地后，这三种能不为零的是_____能。

五、实现美

1．阅读信息窗，解释有关问题。

2．用体温计测人体温度为什么要在腋下放一段时间？

第二节　科学探究：物质的比热容

【学习目标】

能根据科学探究进行猜想与假设、制定研究计划、进行实验数据分析；通过科学探究归纳得出比热容的概念；会查比热容表，能根据物质的比热容解释简单物体温度变化和吸热放热问题；经历探究，有控制变量意识，并能积极参与交流评价。

【学习重难点】

能理解比热容的物理意义和进行有关热量的计算。

【学习过程】

一、发现美

1. 内能：_____。
2. 内能的改变方式：_____、_____。
3. 外界对物体做功，物体的内能_____；物体对外界做功，物体的内能_____；做功改变物体的内能，其实质是_____。
4. 热传递的方式有：_____、_____、_____。
5. 热量是指在_____过程中物体内能的改变量。物体间进行热传递的条件是_____，高温物体将_____向低温物体传递，直至_____。
6. 物体吸收热量，物体的温度_____；物体放出热量，物体的温度_____。

二、各美其美（美美与共）

1. 热量总是由高温物体传向_____温度相等为止，高温物体_____热，温度（升高、降低），低温物体_____热，温度（升高、降低），热量的单位是_____。
2. 相同温度的一壶水和半壶水，要加热到沸腾，_____加热时间长，_____吸收热量多，同样，要把开水冷却，水越（少、多）越好，这说明物体吸收热量的多少与_____有关。
3. 同一块铁，把它的温度升高到100℃_____的热量要比升高到1000℃需要吸收的热量要（多、少），这说明物体吸收热量的多少与_____有关。
4. 请同学们认真思考一下：取相同质量的沙和水在太阳的照射下使它们升高相同的温度，谁需要的时间长，需要吸收的热量一样多吗？
5. 质量相等的同种物质，吸收相等的热量，温度升高_____。质量相等的不同物质，吸收相等的热量，温度升高_____。

实验探究：物体吸收热量的多少与物体的种类是否有关。
1. 方法：根据我们的生活经验知道物体吸收热量的多少与_____和_____有关，我们要探究热量的多少与物质的种类是否有关，需要控制_____和_____相同，这种方法叫_____。

第十三章 153

2. 器材：你认为要验证你的猜想，需要那些器材，思考并交流以下问题。

(1) 需要测量那些物理量，需要那些器材？并说出你的理由。

(2) 热量是看不见摸不着的物理量，你通过什么知道它的多少？

(3) 你的实验步骤是。

(4) 结合课本中实验表格，思考以下此问题：数据记录表格中的通电时间代表哪个物理量？

3. 进行实验：按照课本组装器材，进行实验，并将实验数据填入课本表格中。

4. 通过实验得出的结论是：相同_____质，吸收相同的热量，升高的温度_____，这说明物体吸收热量的多少与_____有关。

4. 通过实验知道，_____吸热能力不同，为了描述这一不同引入了一个物理量比热容。比热容的概念：_____，符号_____，国际单位_____。

5. 看常见物质比热容表格，了解各种物质比热容可知：
(1) 不同物质的比热容一般_____（相同、不同）。
(2) 水的比热容最大，水的比热容为_____，它的意义是_____；沙石的比热为_____，它的意义是_____，如果让相同质量的水和沙石吸收相同的热量，水升温要_____（快、慢）。
(3) 同种物质状态不同时比热容_____。

三、展示美

把自己知道的和同学交流，将不懂的问题想同学或老师提出质疑。

四、升华美

1. 下列说法中正确的是（　　）

A. 一杯煤油用去一半，它的比热容减为原来的二分之一

B. 吸收热量多的物质，比热容一定大

C. 高温物体放出的热量一定多

D. 质量相同的水和煤油，吸收了相同的热量，煤油升高的温度大于水升高的温度

2. 由 $Q = cm(t - t_0)$ 可得关于同一种物质的比热容 c，下列说法正确的是（　　）

A、若吸收的热量增大一倍，则比热容增大一倍

B、若质量增大一倍，则比热容减至一半

C、若加热前后的温度差增大一倍，则比热容增大一倍

D、无论质量多大，比热容都一样

3. 已知水的比热容 $c = 4.2 \times 10^3$ ＿＿＿＿＿（填单位），把 2 kg 水从 20℃ 开始加热到 100℃，水的温度升高多少℃，水吸收的热量为多少 J？

五、实现美

1. 我国许多城市中建有大型绿地，绿地中的人工湖具有"吸热"功能，盛夏时能大大减弱周围地区的"热岛效应"。若某一人工湖湖水吸收一定热量，水温升高2℃。若这些热量被同等质量的砂石吸收（$c_{砂石} < c_{水}$）则砂石升高的温度将＿＿＿＿2℃（填"大于""小于""等于"）。

2. 设计一个实验方案探究水和食用油的比热容。

第三节　内燃机

【学习目标】

知道热机中能量的转化；知道四冲程内燃机的构造和工作原理；了解汽

油机和柴油机的主要区别。

【学习重难点】

认识内燃机的构造和工作原理；了解汽油机和柴油机的区别和联系。

【学习过程】

一、发现美

1．内燃机工作时，燃料在_____燃烧，生成_____燃气，燃气推动活塞_____，_____能转化为_____。

2．内燃机工作时周而复始的四个冲程为_____，_____，_____，_____。

3．内燃机压缩冲程中_____能转化为_____能；在做功冲程中_____能转化为_____能。

4．四冲程汽油机的活塞向上运动，是_____冲程；进、排气门都关闭的是_____冲程；火花塞在_____冲程点火，若在一分钟内火花塞点1800次，则此汽油机的转速是_____r/s。

5．柴油机经过_____个冲程，飞轮转1周，若某柴油机转速是1200 r/min，则在一分钟内这台柴油机经过_____冲程，其中做功冲程出现了_____次。

6．汽油机和柴油机构造上相比，汽油机顶部有一个_____，柴油顶部有一个_____。

7．在压缩冲程末，柴油机喷油嘴喷入气缸的是_____，汽油机中汽油是在_____冲程和_____进入气缸的。

8．汽油机飞轮转速为3000 r/min，那么它每秒钟对外做功_____次，活塞往复_____次。

二、各美其美（美美与共）

1．内燃机工作的某个冲程，进气门和排气门都关闭，活塞向上运动，由此可知该冲程为（　　）

A．吸气冲程　　B．压缩冲程　　C．做功冲程　　D．排气冲程

2．下面关于内燃机错误说法是（　　）

A．蒸汽机是一种热机

B．汽油机和柴油机都是内燃机

C. 内燃机只能在燃料燃烧完全结束后才对外做功

D. 内燃机一般在燃料燃烧的同时就对外做功

3. 一般柴油机的效率比汽油机效率高，原因是（　　）

A. 柴油的燃烧值大

B. 柴油机内压缩空气的压强大，温度高

C. 柴油机和汽油机吸入的气体不同

D. 柴油机和汽油机的点火方式不同

4. 柴油机上装有又重又大的飞轮，其作用是（　　）

A. 增加柴油机的输出功率

B. 增加柴油机的稳定性

C. 改变柴油机的转速

D. 增加柴油机转动的惯性

5. 四冲程柴油机工作时，依靠飞轮惯性使活塞向上运动完成的冲程是（　　）

A. 吸气和排气冲程　　　　B. 压缩和做功冲程

C. 压缩和排气冲程　　　　D. 做功和排气冲程

6. 从本质上看，内燃机工作的能量来源于（　　）

A. 机械能　　　　　　　　B. 内能

C. 化学能　　　　　　　　D. 化学能和内能的总和

7. 现代火电站和热电站，带动发电机发电的机械是（　　）

A. 电动机　　B. 热机　　C. 人工机械　　D. 水力机械

8. 一台汽油机，活塞面积是 50 cm²，活塞行程为 25 cm，做功冲程中燃气产生的平均压强为 7.84×10^5 Pa，那么该汽油机在一个工作循环中对外做的功是（　　）

A. 19.6J　　　B. 980J　　　C. 78.4J　　　D. 7840J

三、展示美

把自己知道的和同学交流，将不懂的问题与同学交流或向老师提出。

四、升华美

1. 一台单缸四冲程柴油机活塞的横截面积为 600 cm²，活塞的行程是 100 mm，做功冲程的平均压强是 3.5×10^5 Pa，求：

（1）做功冲程中气体做的功。

（2）若柴油机每分钟完成 500 个工作循环，则柴油机的功率多大？

2. 国产 165 型单缸四冲程汽油机直径为 65 mm，活塞冲程长 55 mm，满负荷工作时做功冲程燃气的平均压强为 9.58×10^5 Pa，飞轮的转速是 1500 r/min，求：（1）这种汽油机满负荷工作时做功的功率（不计摩擦损失）。

（2）如果汽油机满负荷工作时每分钟消耗 1.5 g 汽油，这种汽油机把内能转化为机械能的效率是多少（汽油燃烧值为 4.6×10^3 J/kg）？

五、实现美

1. 汽油机和柴油机在构造上的主要区别是什么？在四个冲程中二者没有区别的是什么冲程？在这一冲程中有没有能量转化？

2. 内燃机的曲轴上为什么要安装笨重的飞轮？

第四节　热机效率和环境保护

【学习目标】

从生活中体会不同燃料燃烧释放热能的本领不同，建立燃料热值概念；会查燃料的热值表；能根据燃料的热值计算一定质量的燃料完全燃烧所释放的热量；能说出热机工作时燃料释放的能量的主要流向；对热机效率有初步认识，能大致说出提高热机效率的途径。

【学习重难点】

利用热值公式 $Q=mq$ 进行有关燃料放热的简单计算；热机效率的理解和环境保护。

【学习过程】

一、发现美

1．燃料燃烧的过程是_____能转化为_____能的过程，人们使用的能量绝大部分还是通过_____获得的。常见的燃料有_____、_____、_____、_____等，在燃烧时都会_____能量。

2．热值定义是怎么引入的？

热值定义：_____叫做这种燃料的热值，用_____表示，单位是_____，气体燃料热值单位是_____。

（3）仔细阅读课本 P51 页热值表，并表述出木柴、液化气热值的物理意义

$q_{木柴}$ = _____，物理意义_____。

$q_{液化气}$ = _____，物理意义_____。

（4）1kg 的干木柴完全燃烧释放出_____J 的热量；那么质量为 10 kg 的干木柴完全燃烧释放出_____J 的热量。你计算的依据是 Q = _____，这就是燃料燃烧放出的热量的计算公式，其中 Q 表示_____，m 表示物体的_____，q 表示_____。

想一想，如果是气体燃料呢？其燃料燃烧放出的热量的计算公式：_____。其中 Q 表示_____，V 表示物体的_____，q 表示_____。

提示：热值是燃料的重要特性，只和燃料的_____有关，与_____和是否_____无关。

二、各美其美（美美与共）

1．认真阅读课本，掌握热机燃料燃烧能量的走向。

2．机械效率的定义是什么，我们如何定义热机效率？

如果用 η 表示热机效率，那么根据概念其公式可以表示 η = _____。

3．快速的填一填。

（1）我们发现各种热机效率是不同的，蒸汽机效率只有_____，汽油机效率约是_____，柴油机效率约是_____，飞机上的喷气发动机效率能达到_____。

第十三章

（2）为合理利用能源，人们一直在努力提高热机效率，其主要途径是_____，首先要_____。其次要_____
_____。

（3）热机的效率能否达到100%？为什么（说一说）？

三、展示美

把自己知道的向同学交流，将不懂的问题与同学交流或向老师提出。

四、升华美

（1）计算4 kg柴油完全燃烧释放的热量。

（2）有一箱质量为10 kg木炭，其热值为$3.4×10^3$J/kg. 其物理意义是_____，若用掉一半，剩下的木炭的热值为_____21世纪教育网版权所有。

（3）试计算8 m^3 氢气完全燃烧释放的热量。

五、实现美

1. 通过上面的展示，并联系我们的生活环境谈一谈：燃料燃烧对环境有哪些影响？

2. 结合生活实际谈谈：为了保护环境，应该怎样从我做起？（小组讨论，自主发言，大胆发言 小组内评一评，看谁说得最棒）

第十四章

第一节 电是什么

【学习目标】

从实验探究中，领会物体带"电"的概念；知道电荷有两种以及电荷之间的相互作用的规律。

【学习重难点】

知道电荷有两种和电荷之间的相互作用的规律；在探究电荷的种类和相互作用规律时，明白实验的过程和推理的逻辑性。

【学习过程】

一、发现美

阅读课本，填一填

1. 用_____的方法使物体带电的方法，带电体的性质是_____。
摩擦起电的原因：通过相互摩擦，对核外电子束缚能力强的物体_____电子而带_____，对核外电子束缚能力弱的物体_____电子而带_____；摩擦起电不是产生了电，而是_____。

2. 两种电荷

（1）丝绸摩擦过的玻璃棒上带的电荷规定为_____；毛皮摩擦过的_____棒上带的电荷规定为负电荷。

（2）电荷间的相互作用：_____。

（3）检验物体是否带电的方法_____。

二、各美其美（美美与共）

1. 请用塑料直尺在头发上摩擦几下后试试能否吸引碎纸片，结果塑料直尺能够吸引碎纸片，如果用橡胶棒与毛皮摩擦作类比，这个现象说明（   ）

A．摩擦时，同时发生了正、负电荷的转移，头发带负电，塑料直尺带

正电

  B．摩擦时，同时发生了正、负电荷的转移，头发带正电，塑料直尺带负电

  C．摩擦时，只发生了正电荷的转移，使塑料直尺带了正电

  D．摩擦时，头发上的电子向塑料直尺转移，使塑料直尺带了负电

 2．下列现象中，不属于摩擦起电的是（ ）

  A．用头发摩擦过的钢笔杆能够将碎纸屑吸引起来

  B．磁铁能把钢针吸引起来

  C．用干燥的毛刷刷毛料衣服时，毛刷上吸附着许多细微脏物

  D．在干燥的天气中脱毛衣时，听到轻微的"噼啪"声，甚至在夜晚能看见火花

 3．在晴朗干燥的冬日里，如果用塑料梳子梳干燥的头发，会发现头发越梳越蓬松，其主要原因是（ ）

  A．梳头时，空气进入头发

  B．头发和梳子摩擦后，头发带同种电荷相互排斥

  C．梳子对头发有力的作用

  D．梳头时，头发的毛囊会收缩

 4．三只轻泡沫球分别用丝线悬挂着，其中任意两只球靠近时都互相吸引，则下面结论正确的是（ ）

  A．三球都带电   B．有两球带同种电荷，第三球不带电

  C．只有一球带电   D．有两球带异种电荷，第三球不带电

 5．用毛皮摩擦过的橡胶棒接触验电器上端的金属球，验电器下端的金属箔会张开一定的角度，对这一现象正确解释是（ ）

  A．橡胶棒上的质子转移到金属箔上

  B．两片金属箔都带上正电荷相互排斥而张开

  C．验电器上的电子转移到橡胶棒上

  D．两片金属箔都带上负电荷相互排斥而张开

 6．打扫房间时，小刚用干绸布擦穿衣镜，发现擦过的镜面很容易粘上细小绒毛，这是因为他擦过的镜面因_____而带了电，带电体有_____的性质，所以绒毛被吸在镜面上。

三、展示美

  把自己的猜想和同学讨论，并将结果反馈给全体同学。

四、实现美

（实验与探究题）小明参观了科技馆后，一组静电实验给他留下了深刻的印象，回来后他把实验情景绘成一幅平面示意图，如图14-1所示图中A为放在绝缘支架上的带正电球体，B为用绝缘丝线悬吊的带正电的小球。先后将小球B悬吊在距离A球远近不同的P_1、P_2、P_3处。

1. 小球偏离竖直方向的原因是什么？

2. 请你根据图14-1，提出一个问题。

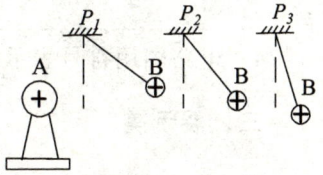

图14-1

第二节　让电灯发光

【学习目标】

通过实验探究了解电路的组成，形成电路的概念；了解通路、开路、短路，认识短路的危害；通过实物认识电路元件及其符号，会读、会画简单的电路图。

【学习重难点】

了解通路、开路、短路，认识短路的危害；会画简单的电路图。

【学习过程】

一、发现美

阅读课本，观察电路图

1. 电路是由哪些部分组成的？

2. 观察课本中各电路元件结构图和示意图。

二、各美其美（美美与共）

1. 电路由四部分组成，分别是_____、_____、_____、_____。

思考：它们的作用分别是什么？

2. _____的定向移动形成电流，物理学上规定，_____电荷的移动方向为电流的方向。根据这个规定，电源接入电路时，电流总是从电源的_____流出，经过用电器流入电源的_____极。

3. 电路的三种状态

通路特点：_____；开路特点：_____；短路特点：_____。

4. 电路图用符号表示电路连接的图叫_____。

三、展示美

把自己的猜想和同学间讨论，将结果反馈给全体同学，并聆听老师的评价。

四、升华美

1. 电路中有持续电流的条件是（   ）

A. 电路中必须有电源

B. 电路是闭合的

C. 电路中有电源，且有用电器

D. 电路中有电源，且电路闭合

2. 关于电流的形成，下列说法中正确的是（   ）

A. 电荷的运动形成电流

B. 电子的定向移动不能形成电流

C. 只有正电荷的定向移动才能形成电流

D. 正、负电荷的定向移动都能形成电流

5. 图14-2所示电路中，错误的是（   ）

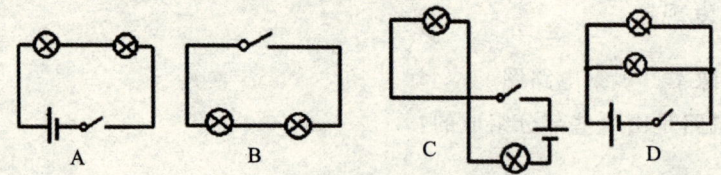

图14-2

五、实现美

1. 阅读信息窗，解释相关问题。

2. 电路短路为何危险？

第三节 连接串联电路和并联电路

【学习目标】

知道什么串联和并联电路，会画简单的串联、并联电路图，学会连接简单的串联电路和和并联电路。

【学习重难点】

会画简单的串联、并联电路图。

【学习过程】

一、发现美

仔细观察课本中的电路图，讨论填写下表

项目 连接方式	串联电路	并联电路
定义	把元件_____连接起来	把元件_____地连接起来
电流流动特点	电流只有_____条通路	电流有_____条通路
元件连接特点	逐个_____连接	_____的连接在电路上
开关作用	控制_____电路	干路开关控制_____电路；支路开关控制_____的通断

二、各美其美（美美与共）

1. 开关和用电器一般都是采用什么连接方式，为什么？若开关与用电器采用另一种连接方式，情况会怎样？

2．如果要使几个用电器在工作时互不影响，即任何一个用电器的通断不影响其他用电器的通断，这几个用电器必须_____联。

3．在并联电路中，接在干路上的开关跟接在支路上的开关作用相同吗？

4．你还能举出一些生活中用电器串联或并联的事例吗？你认为串联电路和并联电路各有什么优点？

三、展示美

把自己的猜想与同学间讨论，并将结果反馈给全体同学。

四、升华美

1．家庭用的各种电器设备采取的是_____连接方式。

2．如图14－3所示的实物连接中，开关闭合时会造成电源短路的是（   ）

A、开关的接线柱上接线不牢

B、灯座的接线柱上接线不牢

C、开关的两接线柱上用导线连通

D、灯座的两接线柱用导线

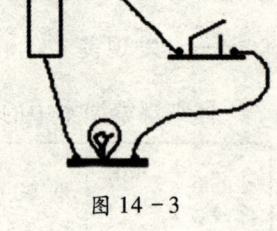

图14－3

3．根据图14－4所示的电路图，实物元件连接起来。

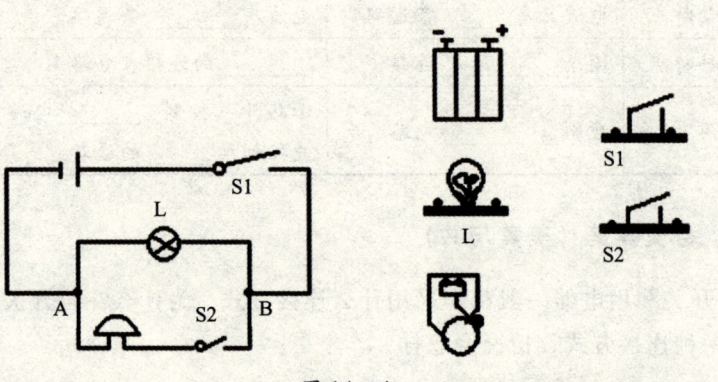

图14－4

五、实现美

为什么有的电路需要串联？有的电路需要并联？

第四节 科学探究：串联和并联电路的电流

【学习目标】

认识电流的大小；知道电流的单位、符号及各单位间的相互换算；了解生活中一些用电器工作时的电流值；能认识电流表的量程，正确读出电流表的示数；

【学习重难点】

电流表的使用规则和读数，通过实验探究得到串联电路和并联电路中电流规律；电流表的正确连接；设计探究串联电路中电流规律的实验方案及表格的设计。

【学习过程】

一、发现美

1. 阅读课本，观察电流表。
你发现了哪些问题？
（1）
（2）
（3）

2. 说说电路表的构成情况。

3. 猜想串联电路各处的电流有什么关系？

4. 猜想并联电路的干路中的电流与各支路中的电流有什么关系？

二、各美其美

1. 实验探究：串联电路各处的电流有什么关系

提出问题：

猜想与假设：

设计实验：

进行试验：

数据记录：

分析数据并归纳总结：

串联电路各处的电流关系是：

2. 实验探究：并联电路的干路中的电流与各支路中的电流有什么关系

提出问题：

猜想与假设：

设计实验：

进行试验：

数据记录：

分析数据并归纳总结：并联电路的干路中的电流与各支路中的电流关系是：

三、展示美

1. _____来表示电流的强弱，_____叫电流。国际单位是：_____，常用单位有_____、_____，换算关系是：_____。

2. 电流表的使用方法：①电流表与被测用电器_____，不允许将电流表与用电器_____；②电流表接进电路时，应使电流从_____接线柱流入，从_____接线柱流出；③被测电流不能超过电流表的_____；④不允许把电流表直接接到电源的_____上。

3. 课本中的电流表量程为_____A，刻度盘上每大格表示_____A，每小格表示_____A，指针示数为_____A。

三、展示美

完成上述题目，并将质疑的地方与其他同学交流或向老师提问。

四、升华美

1. 0.05A = _____mA = _____μA。

2. 如图 14 – 5 所示电流表，指针的电流位置表示，电流的示数是_____安培。

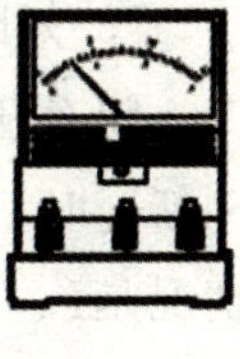

3. 一台电视机正常工作时的电流强度为 200 毫安，也就是说（   ）

A. 1 小时内通过电视机的电量为 200 库仑

B. 1 分 40 秒内通过电视机的电量为 20 库仑

图 14 – 5

C. 1秒钟内通过电视机的电量为20库仑

D. 1秒钟内通过电视机的电量为200库仑

4、如图14-6所示，0.1分钟通过L_2的电量是12库仑，A的示数为3.5A，则A_1的示数为（　　）

A. 2安　　　　　　　　B. 5.5安

C. 1.5安　　　　　　　D. 120安

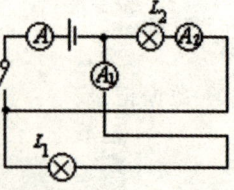

图14-6

5. 图14-7所示为用电流表测量同一串联电路的电流的三种接法，以下说法正确的是（　　）

A、甲测法的电流最大　　B、乙测法的电流最大

C、丙测法的电流最大　　D、三种测法的电流一样大

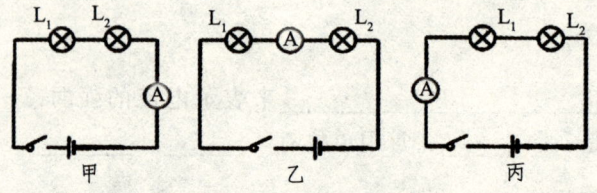

图14-7

6. 某同学在按图14-8所示 a 的电路测灯泡 L 的电流的实验中闭合开关 S 时，发现电流表指针偏转到如图 b 所示的位置，于是立即断了开关，问：

（1）测量时产生这种现象的原因是：_____。

（2）为了完成实验，应采取的措施是：_____。

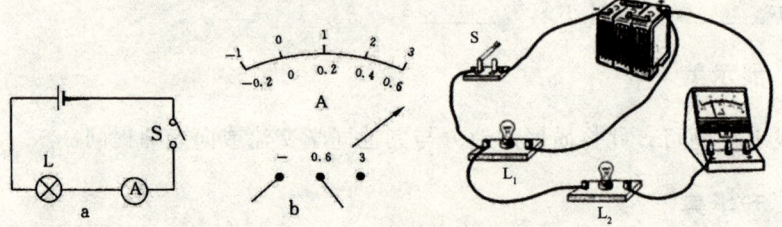

图14-8

7. 如图14-9所示的电路，电源电压不变，闭合开关S_1、S_2，两灯都发光。当把开关S_2断开时，灯泡L_1的亮度及电流表示数变化的情况是（　　）

A. L_1变亮，电流表示数变小

B. L_1亮度不变，电流表示数变小

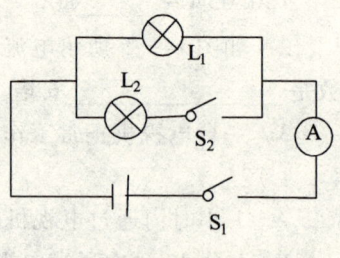

图14-9

C. L_1 变亮，电流表示数不变
D. L_1 亮度不变，电流表示数不变

五、发现美

若要楼上楼下都能控制楼下的灯，怎么来设计这个电路？

第五节　测量电压

【学习目标】

学会初步认识电压，知道电压的作用、单位及单位换算，记住干电池及家庭电路电压；知道电压表的用途与符号，会使用电压表，会正确读出电压表的数值；通过实验探究得出串、并联电路的电压规律。

【学习重难点】

电压的使用规律和读数；通过实验探究得到串、并联电路中电压规律；电压表的正确选择、连接和读数；探究串联和并联电路中电压的规律。

【学习过程】

一、发现美

阅读课本填一填

1. 电压是使电荷发生_____形成_____的原因，测量电路两端的电压使用的仪器是_____，使用时应把它_____联在电路的两端。

2. 电压用符号_____表示，国际单位是_____，该单位的符号是_____。

3. 通过信息窗的有关数据，你了解到：一个铅蓄电池的电压是_____，对人体的安全电压是_____，你还知道：一节干电池的电压是_____，我国家庭电路的电压是_____。

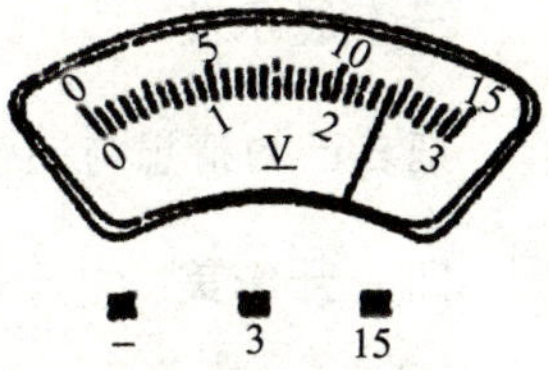

4. 实验室电压表有两个量程，如图 14－10 所示，当选用"—"和"3"两个接线柱时，电压表的

图 14－10

最小刻度值是_____，此时电压表的示数是_____；当选用"—"和"15"两个接线柱时，电压表的最小刻度是_____，此时图中的示数为_____。

二、各美其美（美美与共）

1. 如何用电压表测电池两端电压？

根据课本上的图示，测一节1号干电池电压、1节5号电池电压、1节7号电池和一个电子表上用的纽扣电池的电压，并填写在下表中：

电池	1号	5号	7号	纽扣电池
电压/V				

2. 再分别测两节干电池串联，3节干电池串联后的总电压，并填入下表：

电池	一节干电池	两节串联	三节串联
电压/V			

3. 串联电路两端的电压和它的各部分电路的电压之间的关系是什么？
你的猜想是_____。
根据课本中的电路图连接好实物图并进行实验，用电压表分别测出各部分电路两端的电压。
实验结论是：_____。

4. 并联电路中各支路两端电压之间是什么关系？
你的猜想是_____。
根据课本中的电路图连接好实物图并进行实验，用电压表分别测出各部分电路两端的电压。
实验结论是：_____。

三、展示美

把自己的猜想与同学讨论，将结果反馈给全体同学，并聆听老师的评价

四、升华美

1. 电压是使电荷发生_____形成_____的原因，测量电路两端的电

压使用的仪器是_____，使用时应把它_____联在电路的两端。

2. 电压用符号_____表示，国际单位是_____，该单位的符号是_____。

3. 实验室电压表有两个量程，如图 14-11 所示，当选用"—"和"3"两个接线柱时，电压表的最小刻度值是_____，此时电压表的示数是_____；当选用"—"和"15"两个接线柱时，电压表的最小刻度是_____，此时图中的示数为_____。

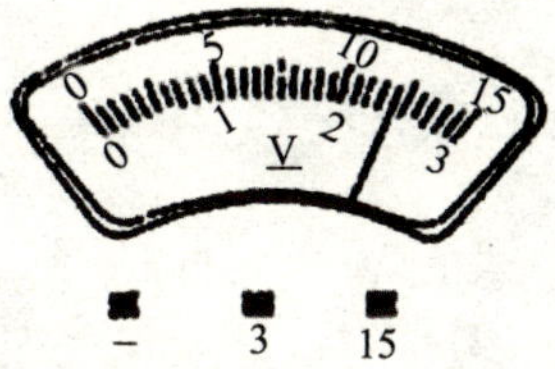

图 14-11

4. 在 220V 的家庭电路中安装"12V、0.3A"的装饰小灯泡，为使它正常工作，应将_____个小灯泡_____联在电路中。

5. 通过探究串联电路的电压规律实验可以得出：

（1）串联电路两端的总电压_____各部分电路两端的电压之和；

（2）并联电路各支路两端的电压_____。

6. 如图 14-12 所示，电源电压不变，当 S_1 闭合，S_2 断开时电压表的示数为 3V；当 S_2 闭合、S_1 断开时电压表的示数为 4.5V，则灯 L_2 两端的电压为_____V，灯 L_1 两端的电压为_____V。

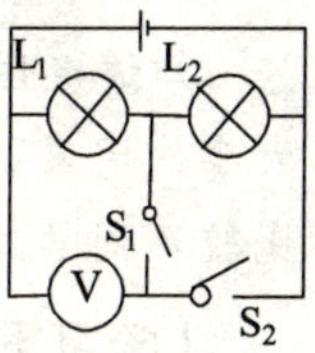

图 14-12

五、实现美

用电压表能否测量电流。

第十五章

第一节 电阻与变阻器

第一学时

【学习目标】

知道电阻的定义及其单位，能进行不同单位这间的换算；知道影响电阻大小的因素，电阻是导体本身的性质；能根据决定电阻大小的因素，判断、比较不同导体电阻的大小。

【学习重难点】

影响电阻大小的因素；通过探究认识影响电阻大小的因素。

【学习过程】

一、发现美

阅读课本，理解电阻的概念，了解符号、单位及其换算以及阻器的图形符号，常见用电器的电阻阻值等。

二、各美其美（美美与共）

问题：电阻的大小与哪些因素有关
猜想：电阻的大小与哪些因素有关

讨论并制订实验方案：

研究问题方法：
1. 怎样实现变量控制，研究每一个因素对电阻大小的影响？
2. 在实验中是怎样探究电阻的大小的？
3. 完成实验探究。

（1）研究导体的电阻跟它的材料是否有关，结论：_____。
（2）研究导体的电阻跟它的长度是否有关，结论：_____。
（3）研究导体的电阻跟它的横截面积是否有关，结论：_____。
4．分析以上实验，归纳得出结论：电阻的大小与_____有关。
5．演示导体的电阻与温度有关，总结：_____
_____。

三、展示美

把自己的猜想与同学讨论，将讨论结果反馈给全体同学，并聆听老师的评价。

四、升华美

1．50 kΩ = _____ Ω = _____ MΩ

2．一段铜丝，对折起来扭成一股后，它的电阻变小，这是因为它的_____变短，而_____变大的缘故，一根金属导线均匀拉长后，它的电阻将_____，这是因为导线的_____变大，同时_____变小的缘故。

3．长短相同而粗细不同的两根镍铬导线，把它们串联在电路里，接通电源后（　　）
    A．粗导线中通过的电流大   B．细导线中通过的电流大
    C．通过两导线中的电流一样大   D．以上说法都不正确

4．白炽灯的灯丝烧断以后，如果搭上仍能使用，则灯丝电阻将（　　）
    A．增大   B．减小
    C．和原来一样   D．无法判断

五、实现美

1．阅读信息窗，解释有关问题．

第二学时

【学习目标】
学习了解变阻器的结构，变阻器的作用，变阻器的接法。

【学习重难点】
变阻器的作用，变阻器的接法；变阻器的接法。

【学习过程】

一、发现美

阅读课本，回答：
1．决定电阻大小的因素是什么？

2．变阻器的工作原理是什么？

3．①滑动变阻器的符号是什么？②滑动变阻器由哪些部分组成，电阻线为什么绕成电阻圈？为什么涂有绝缘漆？③画出其结构示意图。④铭牌上所标数值的含义是什么？

4．结合实验器材，动手连实物，使滑动变阻器能改变小灯泡的亮度。
（1）连接成功后，请画出该电路图。

（2）滑动变阻器应该怎样连接在电路中，才能改变小灯泡的亮度？

（3）弄清滑片移动时，变阻器接入的电阻线长度怎样变化，电阻怎样改变，电路中电流怎样变化？

（4）试一试，你发现滑动变阻器的接线柱可能有几种正确接法？

二、各美其美（美美与共）

1. 总结滑动变阻器的原理：_____。
2. 总结滑动变阻器的连线方法：_____。
3. 总结正确使用滑动变阻器：_____。
4. 将滑动变阻器、小灯泡、学生电流表接入电路，分析电表示数变化、灯泡亮度、滑片移动三者之间的联系，并画出电路图。

三、展示美

把自己的质疑反馈给全体同学，并聆听老师的评价。

四、升华美

1. 电视机、收音机、复读机上的"音量 Volume"旋钮，能够控制声音响度。它的实质是一个_____ 请画出它的电路图。

2. 如图 15-1 所示，滑动变阻器有 4 个接线柱，使用时只需接入其中 2 个，因此有几种接法，在这些接法中，不能改变电阻大小并且可能损坏仪器的接法是（　　）

A. 接 A 和 D　　　　　B. 接 B 和 C
C. 接 A 和 B　　　　　D. 接 C 和 D

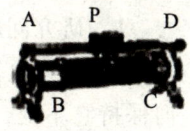

图 15-1

五、实现美

1. 自制铅笔芯变阻器。

2. 在电路中可变电阻有什么作用？

第二节　欧姆定律

第一学时

【学习目标】

运用控制变量法探究电流跟电压、电阻的关系，归纳得出欧姆定律；理解欧姆定律，并能运用欧姆定律进行简单的计算。

【学习重难点】

运用控制变量法探究电流跟电压、电阻的关系，归纳得出欧姆定律；理解欧姆定律，能运用欧姆定律进行简单的计算。

【学习过程】

一、发现美

研究电流与电压、电阻的定量关系。

1. 研究问题方法：_____。
2. 研究电流的大小与电压的关系时，应保持电路中的_____不变。如何保持它不变，需要使用_____器材。

研究电流的大小与电阻的关系时，应保持电路中的_____不变。如何保持它不变，需要使用_____器材。

3. 结合1、2，在实验过程中需要使用下列器材有：
电源、阻值不同的电阻、导线、开关、电流表、电压表、滑动变阻器。

4. 结合你选的器材，设计出实验电路图。

二、各美其美（美美与共）

1）猜想电流与电压、电阻的定量关系_____。

2）怎样用变量控制法进行研究验证猜想？分别表述_____。

3）设计出满足实验要求的电路图。

4）实验探究电流与电压的关系

R =	U/V			
	I/A			

结论：用图像法分析实验数据得出_____。

5）实验探究电流与电阻的关系

U =	R/Ω			
	I/A			

结论：用图像法分析实验数据得出：_____。

三、展示美

把自己的猜想和同学间讨论的结果反馈给全体同学，并聆听老师的评价。

四、升华美

1. 导体中的电流跟导体两端的电压成正比的条件是_____。

电压一定时，导体中的电流跟导体的电阻成_____。

通过导体电流是2A，此时它两端电压是4V，当电压增大到12V时导体

第十五章 179

中电流是_____。

某同学在研究导体中的电流跟电压关系时，实验的数据如下表，请你按实验得出的结论，把没有填上的数据填在表内空格处。

电压（V）	4		8	
电流（A）	0.5	0.75		1.25

一个定值电阻两端电压为4V时，通过它的电流是0.5A，如果电压为6V，能否用量程是0.6A的电流表来测这个定值电阻的电流（　　）

A．能　　　B．不能　　　C．无法判断

五、实现美

1．根据以上探究，请画出当电阻不变时，电流随电压变化的规律图。

2．根据以上探究，请画出当电压不变时，电流随电阻变化的规律图。

第二学时

一、发现美

阅读课本，填一填

1．欧姆定律（1）内容：_____。（2）公式：_____。公式中 I、U、R 的单位分别是_____。（3）公式的物理意义：_____。（4）公式成立的条件：欧姆定律中的电流、电压和电阻这三个量是对_____的。（5）推导出欧姆定律的变形式：_____。

2．用一只电流表与灯泡串联，灯丝正常发光时的电阻值是786 Ω，再用电压表测得灯泡两端的电压是220 V，试计算灯泡正常发光时的电流是多大？

二、各美其美（美美与共）

问题：应用欧姆定律计算有关电流、电压和电阻简单问题。

例1：一盏白炽电灯，其电阻为807Ω，接在220V的电源上，求通过这盏灯的电流。

注意方法点拨：画出等效电路图，说明某导体两端的物理量的图示法，在图上标明已知量的符号、数值和未知量的符号。

三、展示美

把自己的猜想和同学间讨论的结果反馈给全体同学，并聆听老师的评价。

四、升华美

1. 一个20 Ω的电阻，如果在它两端加3 V的电压，电阻中的电流是_____安。

2. 如图15-2所示，一段导体接在电路中，电流表和电压表的示数已记入下表，但有缺漏，将缺漏部分填补上（不考虑误差）。

次数	1	2	3
电流（A）	0.2	0.4	
电压（V）	1.2		3.6

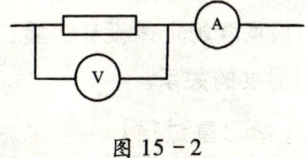

图15-2

3. 在某一温度下，两个电路元件A和B中的电流与其两端电压的关系如图15-3所示。则由图可知，元件A的电阻为_____Ω。

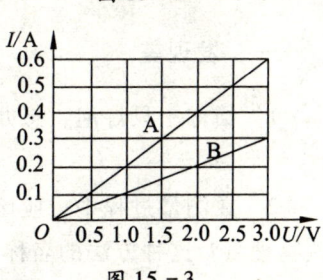

图15-3

4. 从欧姆定律可以导出公式$R = U/I$，下列说法正确的是（　　）

A. 当电压增大2倍时，电阻R增大2倍

B. 当电流增大2倍时，电阻R减小为二分之一

C. 当电压为零时，电阻R也为零

D. 导体的电阻不随电压而改变

5. 电源电压保持不变，当电路中接入15 Ω的电阻时，电路中的电流是1 A，此时电阻两端的电压是多少？若将该电阻更换为30 Ω的电阻后，电路中的电流多大？

五、实现美

1. 阅读信息窗，了解物理学家欧姆。

2. 电路表、电压表自身的阻值约为多大？

第三节 "伏安法"测电阻

【学习目标】根据欧姆定律设计实验，测算小灯泡工作时的电阻。

【学习重难点】

根据欧姆定律设计实验；通过亲自动手测算和分析讨论，探究灯丝的电阻跟温度的关系。

【学习重过程】

一、发现美

1. 给你一只灯泡，想办法测出它的阻值？

2. 在测量过程中，应该测量哪些物理量？分别用什么器材？怎样测出这些物理量？这种方法的名称是什么？这个实验的原理是什么？

3. 要构成一个完整的电路，需要哪些器材？

4. 你认为实验过程中需要滑动变阻器吗？请说出你选择的理由。

5. 自己设计出电路图。

二、各美其美（美美与共）

1．伏安法测电阻的实验电路连接按怎样的顺序连接比较方便且不容易出现错误？

2．怎么选择电表量程？

3．分析实验的思路，注意"多次测量求平均值"

三、展示美

把自己的猜想和同学间讨论的结果反馈给全体同学，并聆听老师的评价

四、升华美

1．怎样用伏安法测出一定值电阻的电阻值？画出电路图。

2．在伏安法测电阻中，如果电压表和电流表的位置颠倒了，会出现什么现象？说明道理。

3．小明和小亮利用如图15-4所示的电路测定未知电阻的阻值。

（1）根据他们连接的实验电路可知，电表甲应是_____表。

（2）实验中他们检查电路无误后闭合开关，观察了两电表的示数，如图15-5所示，计算出被测电阻R=_____Ω。

（3）完成了上步计算后小明认为实验就完成了，小亮则认为，仅这样就得出电阻的阻值不够可靠，原因是_____。

（4）为了得到更可靠的结果，你认为接下去他们的具体操作应是_____。

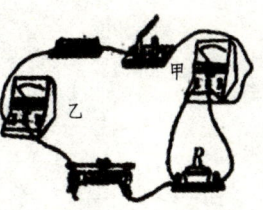

图15-4

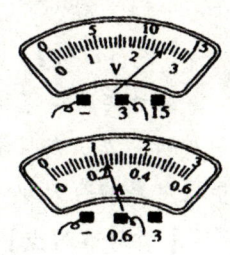

图15-5

4．在伏安法测电阻的实验中，下列注意中没有必要的步骤是（　　）

A. 连接电路之间，先断开开关
B. 一定要从电源的正极开始连线，开关应靠近电源的正极
C. 在无法估计被测阻值大小时，电流表、电压表应选用较大的量程
D. 将变阻器连入电路时，滑片应放在变阻器的阻值最大的位置上

5. 如图15-6所示是小明同学探究小灯泡电阻时连接的实验电路，选用的小灯泡上标有2.5V字样。

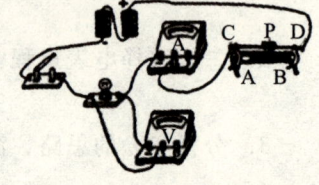

图 15-6

（1）闭合开关前，发现电路中有两个元件连接错误，请指出（在错的连线上打×）。

（2）实验时，先将电压表的读数调节到____ V，再逐渐_____电压（填升高或降低），测出灯泡在不同亮度时的电阻。通过分析计算结果，发现每次测量的电阻都不同，这是因为灯丝的亮度不同时，灯丝的_____也不同。

五、实现美

怎样减少"伏安法"测电阻的实验误差？

第四节　电阻的串联和并联

第一学时

【学习目标】

通过实验探究和理论推导，得出串联电路总电阻跟分电阻的关系；体会两种研究方法在科学探究中的意义，树立理论与实践相统一的思想；会利用串联电路的有关知识，解答和计算简单的电路问题。

【学习重难点】

实验探究和理论推导，得出串联电路总电阻跟分电阻的关系；会利用串联电路的有关知识，解答和计算简单的电路问题。

【学习过程】

一、发现美

1. 串联电路电流的特点是什么？用关系式表示出来（I_1、I_2 和 I 的关系）。

串联电路电压的特点是什么？用关系式表示出来（U_1、U_2 和 U 的关系）。

2. 在分析"电阻的串联"实验中，用到了（　　　）方法，想想我们还在哪里运用过这种方法？

3. 阅读课本，请试着推导电阻的串联公式。

4. 选出两个定值电阻串联的电路图。请在图 15-7 标出 I、U_1、U_2 和 U、R，并利用欧姆定律写出电流 I 的不同关系式。

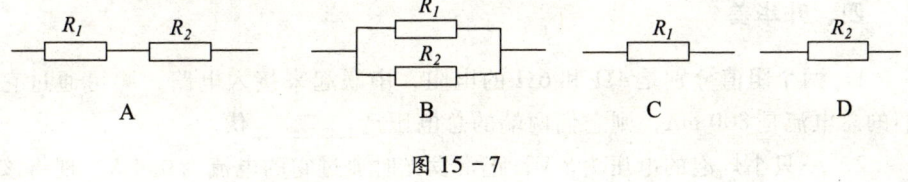

图 15-7

二、各美其美（美美与共）

1. 实验探究"电阻的串联"，明确"等效代替法"的应用。

2. 分析：实验的方法和原理是什么？

讨论实验数据，得出_____实验表明：_____。

3. 理论推导串联电路电阻计算公式。

4. 运用等效电路图进行计算

例题：把 5Ω 电阻 R_1 跟 15Ω 电阻 R_2 串联起来，接在电压 6V 电源上，求串联电路中的电流。

5. 利用串联电路电流、电压和电阻特点，推导：$I_1 : I_2 = 1 : 1$，$U_1 : U_2 = R_1 : R_2$。

在此基础上引导学生知道在串联电路中另一种测量未知电阻的阻值。

三、展示美

大胆质疑，向其他同学或老师提问。

四、升华美

1. 两个阻值分别是 4Ω 和 6Ω 的电阻，串联起来接入电路，测得通过它们的总电流是 800 mA，则它们两端的总电压是 _____ 伏。

2. 一只小灯泡的电压为 8 V，正常发光时通过它的电流为 0.4 A，现将该小灯泡接在 12 V 的电源上，为使其正常发光，应 _____ 联一个 _____ Ω 的电阻。

3. 两个电阻 R_1、R_2（$R_1 > R_2$），下列情况中阻值最大的是（   ）

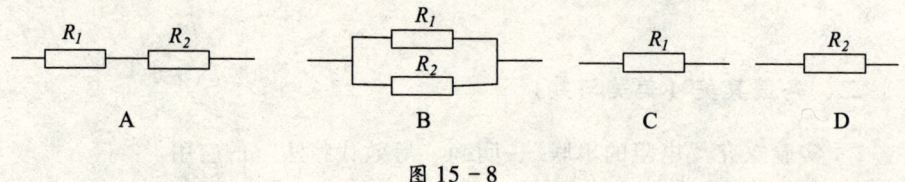

图 15 - 8

五、实现美

如果只有电压表而没电流表，再给一只已知电阻，你能测出未知电阻的值吗？怎样测？

第二学时

【学习目标】

通过实验探究和理论推导，得出并联电路总电阻跟分电阻的关系；体会两种研究方法在科学探究中的意义，树立理论与实践相统一的思想；会利用并联电路的有关知识，解答和计算简单的电路问题。

【学习重难点】

实验探究和理论推导，得出并联电路总电阻跟分电阻的关系；会利用并联电路的有关知识，解答和计算简单的电路问题。

【学习过程】

一、发现美

1. 并联电路电流的特点是什么？用关系式表示出来。（I_1、I_2 和 I 的关系）

并联电路电压的特点是什么？用关系式表示出来。（U_1、U_2 和 U 的关系）

2. 在分析"电阻的并联"实验中，仍将用到（　　）方法，想想我们还在哪里运用过这种方法。

3. 阅读课本，请试着推导电阻的并联公式。

4. 选出两个定值电阻并联的电路图。请在图上标出 I、U_1、U_2 和 U、R，并利用欧姆定律写出电流 I 的不同关系式。

二、各美其美（美美与共）

1. 实验探究"电阻的并联"，明确"等效代替法"的应用。

2. 分析：实验的方法和原理是什么？实验结论是什么？

3. 理论推导并联电路电阻计算公式。叙述 $1/R = 1/R_1 + 1/R_2$ 的物理意义。

4. 讲解：运用等效电路图进行计算。

5. 利用并联电路电流、电压和电阻的特点，推导出：$U_1 : U_2 = 1 : 1$，$I_1 : I_2 = R_2 : R_1$。在此基础上引导学生知道在并联电路中另一种测量未知电阻的阻值。

三、展示美

大胆质疑，向其他同学或老师提问。

四、升华美

1. 如图 15-9 所示两个电阻 R_1、R_2（$R_1 > R_2$）连接方式如下，其中阻值最小的是（　　）

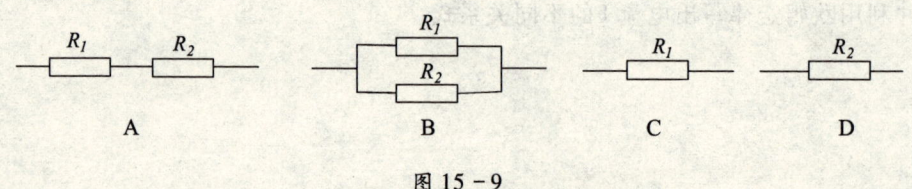

图 15-9

2. 如图15-10所示，已知电阻 $R_1 = 3\ \Omega$，$R_2 = 6\ \Omega$，电流表 A 的示数是 0.6 A，则电流表 A_1 的示数是（   ）

A．0.6 A   B．0.4 A

C．0.2 A   D．0.1 A

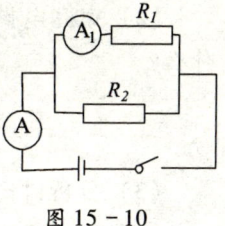

图 15-10

3. 将两个电阻 R_1 与 R_2 并联后接在电压为 24 V 的电源上，开关 S 闭合后干路电流为 2 A，通过电阻 R_1 的电流是 1.2 A，求：R_1 与 R_2 的阻值分别为多大？

五、实现美

想一想：用电器被短路会导致什么？

第五节　家庭用电

【学习目标】

通过观察分析家庭电路实物布线图，了解家庭电路的组成和连接方式；了解生活中安全用电的知识，提高安全用电意识；安装模拟家庭电路，做到理论联系实际，提高动手实践能力。

【学习重难点】

通过观察分析家庭电路实物布线图，了解家庭电路的组成和连接方式；安装模拟家庭电路，做到理论联系实际，提高动手实践能力。

【学习过程】

一、发现美

1. 观察家庭电路，思考下列问题。

（1）仔细观察自己家中的家庭电路由哪些元件组成？对照课本中的图，思考有哪些差异？总结出完整的家庭电路的组成。

（2）家庭电路各组成部分之间是怎样连接的？各组成部分的作用是什么？

（3）分析讨论以下问题：
①家庭电路是怎样接到低压供电线路上的？

②电能表接在什么地方？它有什么作用？

③闸刀开关是怎样切断或断开电路的？

④保险丝的作用是什么？

⑤开关和电灯是怎样连接的？它们的位置是否可交换？

⑥家用电器金属外壳必须接地的道理。

2. 注意安全用电：
（1）触电是怎么回事？引起触电的原因是什么？

（2）家庭电路中常见的触电事故有哪些？

（3）总结生活中触电的急救知识。

二、各美其美（美美与共）

问题一：家庭电路的组成及连接方法
（1）观察家庭电路示教板。说出每个器材的名称。

（2）家庭电路的几个重要部分。
火线、零线、电能表、闸刀开关、保险盒、电灯、开关、插座的作用
（3）测电笔的构造、作用及使用，怎样用测电笔辨别火线和零线。

（4）电灯。
①为什么熔断器只安在火线上？

②开关接在了哪里？

③电灯与插座是怎样连接的。

问题二：注意用电安全
（1）归纳家庭电路中常见的触电事故：
①什么是触电？
②安全电压。
③触事故的原因。
（2）说出一些与电有关的不安全现象：

（3）总结安全用电的原则：

三、展示美

把自己的猜想和同学间讨论的结果反馈给全体同学，并聆听老师的评价。

四、升华美

1. 在如图 15-11 所示的甲、乙两种使用测电笔的方法中，正确的是____。

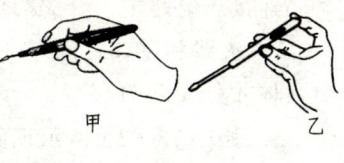

图 15-11

2. 在如图 15-12 所示的电路中，从安全的角度讲，A、B 插头的两端，应（　　）

A、A 端接零线，B 端接火线

B、A 端接火线，B 端接零线

C、只有 A 端接零线，B 端接火线，闭合开关后灯泡才亮

D、怎样接都可以

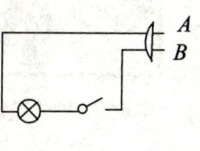

图 15-12

3．如图 15-13 所示，当开关 S 闭合后，发现电灯 L 不亮，用测电笔测试 c、d 两点时，氖管都发光，测试 a、b 两点时，只有 a 点氖管发光，则故障可能是（　　）

　　A．火线与零线短路　　B．a、d 之间某处断路

　　C．b、c 之间某处断路　　D．电灯的灯丝断了

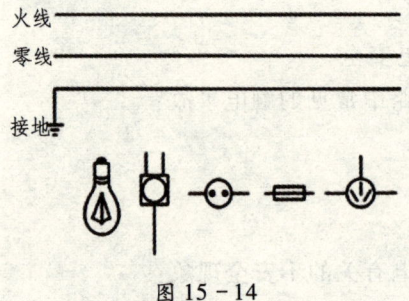

图 15-13

4．用笔画线代替导线，将带开关的电灯、带熔断器的两孔插座和一个三孔插座分别接入如图 15-14 所示的家庭电路中。

图 15-14

五、实现美

1．家庭电路中，电能表、总开关都安装在_____上，家用电器_____连接入电路中，开关与电灯应_____联。

2．火线和零线之间有_____V 的电压，电压不高于_____V 的电压对人体才是安全的。

3．如图 15-15 所示现象中，符合用电安全的是（　　）

电器失火时先切
A

用湿布擦抹电器
B

湿衣服晾在电线上
C

家用电器未接地保护
D

图 15-15

第十六章 电流做功与电功率

第一节 电流做功

【学习目标】

会应用电功的计算公式进行简单的计算。会读家用电能表，会计算电费；通过探究，能将自己的见解与他人交流讨论，认识交流合作的重要性，有主动与他人合作的精神。

【学习重难点】

知道电功的意义；电功的单位；理解电功公式：$W = UIt$ 并应用电功的计算公式进行简单的计算。

【学习过程】

一、发现美

1. 电能的利用实际上把_____能转化为_____。

2. 电能的转化是通过_____做功实现的。

3. 电流做功跟电流的大小、电压的高低、通电时间有关。通过用电器的电流越大，电流做功_____；加在用电器上的电压越高，电流做功_____；用电器通电时间越长；电流做功_____。即电流所做的功与_____、____和_____成正比。

4. 电功的计算公式_____。1 kWh = _____J。

二、各美其美（美美与共）

1. 安装在家庭电路中的电能表，测量的是（　　）
   A. 电能　　　B. 电压　　　C. 电阻　　　D. 电流

2. 下列家用电器中，属于电热器的是（　　）
   A. 电烙铁　　B. 电风扇　　C. 电视机　　D. 电冰箱

3. 导体两端的电压为 6 V，通过导体的电流为 1 A，通电时间为 10 s，电流做功_____J。

4. 某次雷电的电流是 2×10^4 A，电压约为 1×10^8 V，放电时间约为 0.001 s，这次雷电释放的能量是_____J。

5. 小明家电能表上月底的示数为 $\boxed{0\,8\,1\,1\,6}$，本月底的示数如图 16-1 所示。本月消耗的电能为_____kW·h。按 0.5 元/（kW·h）的电价计费，应付电费_____元。

6. 在家庭电路中，通过某用电器的电流为 0.5A，工作 1h 电流做功是多少？

图 16-1

三、展示美

把自己的猜想和同学间讨论的结果反馈给全体同学，并聆听老师的评价。

四、升华美

1. 家庭中的电灯、电视机、电风扇等用电器都是_____联在电路中的。小林家 4 月底电能表读数为 2708.7 kW·h，5 月底电能表读数如图 16-2 所示，那么 5 月份他家消耗了_____kW·h 的电能。若电价为 0.5 元/kW·h，则需电费_____元。

图 16-2

2. 通过某导体的电流为 0.5A，工作 10s 电流做功 180J，可知导体两端的电压为_____V；在该导体两端的电压为零时，导体的电阻为_____Ω。

3. 小丽做测量小灯泡所做电功的实验（小灯泡标有 "2.5V" 字样）。

（1）如图 16-3 甲所示，小丽所接的实验电路存在连接错误，但只需改动一根导线，即可使电路连接正确. 请你在应改动的导线上打 "×"，并用笔画线代替导线画出正确的接法。

（2）电路连接正确后，闭合开关，发现小灯泡不亮，但电流表有示数. 接下来应进行的操作是_____。

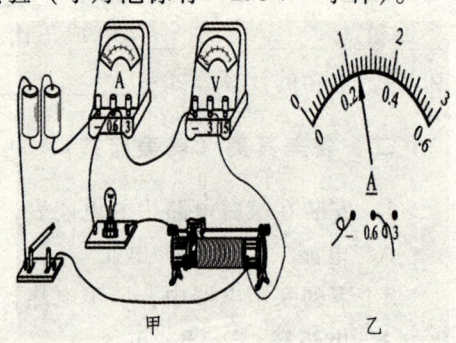

图 16-3

A．更换小灯泡　　　B．检查电路是否断路
C．移动滑动变阻器滑片，观察小灯泡是否发光

（3）实验过程中，当电压表示数为 2.5V 时，小灯泡工作 10s 时，此时电流表的示数如图 16-3 乙所示，其值为_____A，小灯泡所做电功的为_____J。

五、发现美

一段电路两端电压为 6V，电路中的电流为 0.5A，要消耗 180J 的电能需要多少时间？

第二节　电流做功的快慢

【学习目标】

理解电功率和电流、电压之间的关系，并能进行简单的计算，能区别用电器的额定功率和实际功率；在实验探究的过程中，提高自己设计实验、收集证据、分析论证等科学探究能力。

【学习重难点】

正确理解电功率和电功的区别与联系；认识电功率和额定功率并能进行简单的计算。

【学习过程】

一、发现美

1. 说出电功率的物理意义、定义、定义式、单位及换算。

2. 用所学的电功的关系式，利用电功率的定义，推导出计算电功率的其他公式。

3. 猜想实验"电流做功的快慢与哪些因素有关"？

说出实验的设计思想什么？课本中的实验"煤油增加的内能是从电能转

化来的，即 $Q=W$，而 $Q_{吸} = cm(t_2-t_1)$"。

理解实验的思路：煤油吸收的热量由 $Q=cm(t_2-t_1)$，再用 $P=W/t=Q/t$ 计算出功率，从而推导出 P 与 U、I 的关系。

4．弄清额定电压、额定电流、额定功率的概念；辨认图中用电器的额定电压、额定功率。

5．弄清实际电压、实际电流、额实际功率的概念。

二、各美其美（美美与共）

1．从物理意义、定义、单位、基本计算公式比较电功和电功率。

2．实验探究"电流做功的快慢与哪些因素有关"。
（1）根据上节的探究结果（$W=UIt$），猜想电功率与哪些因素有关。
猜想后，设计实验方案（$Q=W$ $Q_{吸}=cm(t_2-t_1)$ $P=W/t=Q/t$）。

（2）进行实验与收集数据。

（3）分析与论证：根据记录的实验数据，进行分析与论证。算出课本实验中煤油在时间 t 内吸收的热量，根据能量转化的观点，确定出电流做的功 W，由 $P=W/t$ 计算出电功率。确认 P 与 U、I 的关系（进行误差分析）。

3．分析灯泡铭牌：
（1）灯泡的发光情况取决于实际功率。
（2）探讨额定电压和额定功率的关系：只有在额定电压下，灯泡的功率才是额定功率。
（3）通过分析小灯泡问题，归结此类问题的常见问题：
一只灯泡上标有"PZ220－40"：
"220V，40W"的物理意义：
灯泡正常发光时的电流是多少？

灯泡的电阻是多少？

一度电可供它正常工作多少时间？

它正常工作 10 小时，消耗的电能是多少焦？多少千瓦时？

若实际电压是 110V，它的实际电流是多少？实际功率是多少？

三、展示美

把自己的猜想和同学间讨论的结果反馈给全体同学，并聆听老师的评价。

四、升华美

1. "PZ220—100"的灯泡，额定功率是_____W，当它两端加上 110 V 电压是时，通过的电流是_____A，则实际功率是_____W；当它正常工作 10 h，消耗的电能是_____kw·h。

2. 甲灯和乙灯的额定电压相同，把它们串联接在某电路中，甲灯比乙灯亮，则（　　）

 A. 通过甲灯的电流比乙灯大　　B. 甲灯的额定功率比乙灯小

 C. 甲灯的实际功率比乙灯小　　D. 甲灯的电阻比乙灯小

3. 分辨灯泡的功率大小：小明买来两只灯泡，额定电压都是"220 V"，但额定功率看不清了，他只记得一只是 25 W，一只是 100 W，你能帮他判断出来吗？

4. 一个小灯泡"6 V，6 W"与一电阻串联接在 12 V 的电源上，小灯泡恰好正常发光，求电阻的阻值和这个电路的总功率。

5. 物理学中把电流在_____叫做电功率，电功率是表示_____的物理量，电功率的定义式是_____。

6. 一只灯泡正常工作电流为 0.5 A，接在 3 V 的电源上，这时正常发光，则小灯泡的功率为_____W，0.5 A 是该灯的_____电流。

7. 下面是刘芳对电功率的认识，其中错误的是（　　）

 A. 电功率表示电流做功的快慢

 B. 做同样多的功，用电器的电功率越大，所用的时间越短

 C. 白炽灯的明亮程度决定于它的实际功率

 D. 额定功率越大的白炽灯，发光亮度越强

8. 标有"36V 15W"的车床用台灯和标有"PZ220—15"家用电灯都正常工作1 h，消耗的电能（　　）

A. 一样多　　　B. 后者多　　　C. 前者多　　　D. 无法判断

五、实现美

如图16-4所示三副漫画生动地描述了一位学生的一次经历，针对下面三副漫画请你看图回答：

图16-4

1. 有一个灯泡不亮的原因是＿＿＿＿＿＿＿＿＿＿＿＿＿＿＿＿。
2. 灯泡后来为什么又变亮了＿＿＿＿＿＿＿＿＿＿＿＿＿＿＿。
3. 这个灯泡为什么更亮了＿＿＿＿＿＿＿＿＿＿＿＿＿＿＿＿。

第三节　测量电功率

【学习目标】

会测小灯泡的额定功率和实际功率；进一步练习使用电流表、电压表和滑动变阻器；通过实验过程，培养学生制订计划与设计实验的能力。

【学习重难点】

理解额定功率和实际功率的物理意义，会测小灯泡的额定功率和实际功率。

【学习过程】

一、发现美

1. 现在有一只灯泡，想办法测出功率？

2. 在测量过程中，应该测量哪些物理量？分别用什么器材？怎样测出这些物理量？这种方法的名称是什么？这个实验的原理是什么？

3．要构成一个完整的电路，需要哪些器材？

4．你认为实验过程中需要滑动变阻器吗？请说出你选择的理由。

5．自己设计出电路图。

二、各美其美（美美与共）

（一）测量灯泡的功率

1．制定计划与设计实验。

（1）根据电功率的计算公式要测小灯泡的功率需测量的物理量有？如何使小灯泡两端电压正好等于其额定电压呢？

（2）画出实验电路图，指出根据电路图需选择的器材、仪器有哪些？

（3）为测小灯泡的额定功率和实际功率，应设计怎样的记录表？

2．进行实验。

3．收集数据，归纳总结电功率与哪些因素有关？

（二）利用家用电能表测算家用电器电功率。

三、展示美

把自己的猜想和同学间讨论的结果反馈给全体同学，并聆听老师的评价。

四、升华美

1．一辆汽车上用的灯泡上标有"12 V ××W"（××看不清），为了确定该灯泡的额定功率，下列方法中最佳的方案是（　　）
A、接入12 V电源，使之正常发光，再与有标记的灯泡比亮度来判断
B、在实验室中用干电池 A 和 V 等测出灯泡的电阻值，再用 $P = U^2/R$

计算

C、接入 12 V 的电源上，用 A 测出灯泡中的电流，再用 $P = UI$ 计算

D、直接与标有"12 V"的灯泡从外观上比较确定。

2．测量小灯泡电功率的探究实验，依据的物理原理是_____，实验过程中所需要的器材有：电源、电灯泡、开关、导线，还需要_____。

3．测小灯泡功率的实验中，在闭合开关前，调节滑动变阻器的滑片在_____位置上，这样做的目的是_____。

五、实现美

1．在"测量小灯泡电功率的实验"中，某四位同学连接如图 A、B、C、D 其中正确的是（　　）

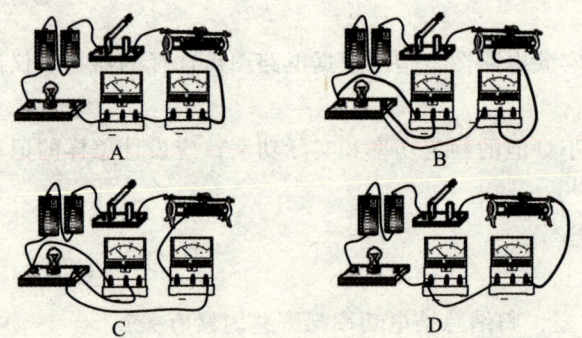

图 16-5

2．为了测定额定电压是 2.5 V 的小灯泡的功率，某同学的实验数据如下表所示，在整理数据和计算功率时发现，其中一次的实验数据与其他两次相差很大，经检查原来是有一次电流表的示数读错了，该同学选用电流表的量程是 0.6 A，试分析。

次数	电压/V	电流/A
1	2	1
2	2.5	0.25
3	3	0.30

（1）数据表中第_____次电流表的读数错了，正确的读数应是_____。

（2）第_____次测得的是小灯泡的额定功率。

（3）小灯泡的额定功率 $P_{额}$ = _____ W。

第四节　科学探究：电流的热效应

【学习目标】

知道电流的热效应；知道焦耳定律；知道电热的利用和防止；通过探究，知道电流通过导体产生的热量与什么因素有关；通过学习电热的利用和危害，学会辩证地看待问题

【学习重难点】

通过实验探究电流的热效应与哪些因素有关；用电流的热效应解决简单问题。

【学习过程】

一、发现美

1. 观察下面四个电器，回答问题：

图 16 - 6

（1）图中四个用电器通电时都会产生什么现象？

（2）说明电流在工作过程中消耗的电能转化成了什么能？

总结得出：电流通过导体时电能转化成热能，这个现象叫电流的热效应。

现象：给电炉通电时，电炉丝热得发红，而与电炉丝相连的导线却几乎不热，为什么？

2. 阅读课本，结合自己的生活经验，猜想电流通过导体产生的热量与哪些因素有关？

二、各美其美（美美与共）

1. 导线和电炉丝中流过的电流相同吗？导线和电炉丝产生的热量相同吗？我们就来探究电流经过用电器时产生的热量与什么因素有关。

2. 实验探究：电流通过导体产生的热量与什么因素有关？

提出问题：电流通过导体产生的热量与什么因素有关？

猜想：写出自己的猜想

设计实验：要研究与多个因素是否有关时，我们得采用什么研究方法？（控制变量法）。

实验一、研究电流产生的热量与电阻的关系
（1）实验中要控制_____相同，使_____不同。
（2）如何控制电流和通电时间相同？

（3）如何比较电流通过导体产生热量的多少？

进行实验：
得出结论：
实验二、探究电流产生的热量与电流的关系
（1）实验中要控制_____相同，使_____不同。
（2）如何改变通过导体的电流？（同学间讨论实验步骤）
（3）进行实验：
（4）得出结论：
总结得出结论：在电流和电阻相同时，通电时间越长，产生的热量越多。根据实验及推理得出焦耳定律的内容是：

三、展示美

大胆质疑，向其他同学或老师提问。

四、升华美

1. 电流通过导体产生的热量跟通过导体的_____成正比，跟通过导体的_____平方成正比，跟通电_____成正比。

2. $Q = I^2Rt$，Q 表示产生的_____，单位是_____；I 表示通过导体的_____，单位是_____；R 表示_____，单位是_____；t 表示_____单位是_____，计算时单位要一致。

3. 研究焦耳定律时，采用_____法和_____法。

4. 电热器是利用电流的_____制成的加热设备，如：电热水器、_____电热毯等。优点：清洁卫生没有环境污染、热效率高、方便控制和调节温度。

5. 电热的防止：在用电器上开散热窗、加散热片、安装_____，都是为了_____。

6. 下列关于电功、电功率和焦耳定律的说法中正确的是（　　）

A. 电功率越大，电流做功越快，电路中产生的焦耳热一定越多

B. $W = UIt$ 适用于任何电路，而 $W = I^2Rt = \dfrac{U^2}{R}t$ 只适用于纯电阻的电路

C. 在不是纯电阻的电路中，$UI > I^2R$

D. 焦耳热 $Q = I^2Rt$ 适用于任何电路

7. 一个直流电动机所加电压为 U，电流为 I，线圈内阻为 R，当它正常工作时，下述错误的是（　　）

A. 电动机的输出功率为 U^2/R

B. 电动机的发热功率为 I^2R

C. 电动机的输出功率为 $IU - I^2R$

D. 电动机的功率可写作 $IU = I^2R = U^2/R$

8. 如图 16－7 所示电路中，电灯 L_1、L_2 都标有"220V，100W"；电灯 L_3、L_4 都标有"220V，40W"，将 A、B 两端接入电源，最暗的灯是（　　）

A. L_1 　　　　　　　B. L_2

C. L_3 　　　　　　　D. L_4

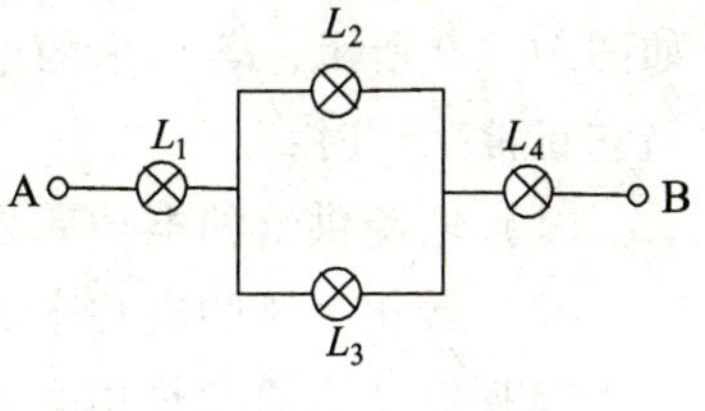

图 16－7

9. 把两个相同的电灯分别接在图 16-8 所示中甲、乙两个电路里，调节滑动变阻器，使两灯都正常发光，两电路中消耗的总功率分别为 $P_甲$ 和 $P_乙$，可以断定（　　）

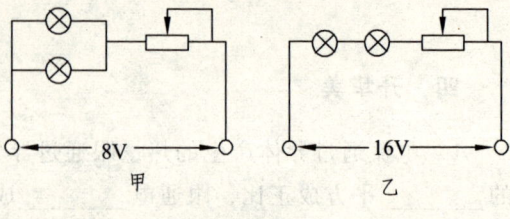

图 16-8

A. $P_甲 > P_乙$ B. $P_甲 < P_乙$
C. $P_甲 = P_乙$ D. 无法确定

10. 一只电炉的电阻丝和一台电动机线圈电阻相同，都为 R，设通过它们的电流相同（电动机正常运转），则在相同时间内（　　）

A. 电炉和电动机产生的热量相同
B. 电动机消耗的功率大于电炉消耗的功率
C. 电炉两端电压小于电动机两端电压
D. 电炉和电动机两端电压相等

五、实现美

1. 一台电风扇，内阻为 20 Ω，接上 220 V 电压后，消耗功率 66 W，问：

（1）电风扇正常工作时通过电动机的电流是多少？

（2）电风扇正常工作时转化为机械能的功率是多少？转化为内能的功率是多少？电动机的效率是多少？

（3）如果接上电源后，电风扇的风叶被卡住，不能转动，这时通过电动机的电流，以及电动机消耗的电功率和发热功率是多少？

2. 有一电风扇上标有"220V，55W"，电路图如图 16-9 所示，若风扇的电动机线圈电阻为 8Ω，当它正常工作时：

（1）电源供给的电功率是多少？
（2）转化为风的电功率是多少？
（3）电动机的发热功率是多少？

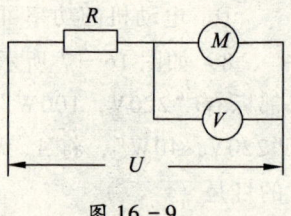

图 16-9

第十七章　从指南针到磁浮列车

第一节　磁是什么

【学习目标】

知道磁体周围存在磁场；知道磁感线可用来形象地描述磁场，知道磁感线的方向是怎样规定的；知道地球周围有磁场及地磁场的南、北极；会用磁感应线来描述磁场，会画常见磁体的磁感线重点。

【学习重难点】

知道磁铁的指向性和磁极间的相互作用；知道什么是磁场、磁感线、地磁场和磁化；磁场和磁感线的认识；被磁化的钢针磁极的判断。

【学习过程】

一、发现美

1. 你见过磁体吗？你知道磁性、磁化、磁极和磁极间的相互作用规律吗？

2. 磁体周围有什么？

3. 磁感线：一种描述磁场的方法。

4. 地磁场

（1）地球是一个天然的_____；物体能够吸引_____的性质叫磁性，具有磁性的物体叫_____。每个磁体都有_____个磁极，分别叫做_____和_____，分别用字母_____极和_____极表示，磁极间的相互作用规律是_____。

（2）磁体外部的磁感线都是从磁体_____极出发，最后回到_____极。

（3）关于磁场和磁感线，下列说法错误的是（　　）

A. 磁场是磁体周围实际存在的一种物质

B. 磁感线是是磁场中实际存在的一种曲线

C. 磁体外部的磁感线总是从 N 极发出，回到 S 极

D. 用磁感线的疏密程度可以表示磁场的强弱

二、各美其美（美美与共）

1. 做一做：用条形磁体去吸引铁屑，你有什么发现？

2. 磁体的南北极是怎么确定的？把两个磁体的磁极相互靠近，你会看到什么现象？

3. 做一做：用磁铁吸引大头针，被吸引的大头针能吸引其他的大头针吗？什么叫磁化？

4. 磁体周围有什么

（1）动手做并展示课本 P139 图 17—4 和图 17—5 两个实验，为什么两磁体无论是否相互接触，都能产生相互作用力呢？磁体周围的铁屑分布规则吗？原因是什么？

（2）做一做：把一些小磁针放在条形磁体周围，你发现什么？

（3）磁场的基本性质是什么？磁体间的相互作用是通过什么发生的？

5. 磁感线：一种描述磁场的方法

（1）磁感线可以描述什么？

（2）磁感线是实际存在吗？

（3）请你画出条形磁体和蹄形磁体周围的磁感线。

6. 地磁场

地球是一个天然的大磁体，地磁北极在地理_____附近，地磁南极在地理_____附近。

三、展示美

把自己的猜想和同学间讨论的结果反馈给全体同学,并聆听老师的评价

四、升华美

1. 指南针能够指南北方向是受到_____作用。当指南针静止时,指向南的一端是磁体的_____极;指向北的一端是磁体的_____极。

2. 磁体磁极之间相互作用的规律是:_____;
_____。

3. 磁体的周围存在着_____,磁体间的相互作用是通过_____而产生的。

4. 关于磁场和磁感线,下列说法中正确的是(   )

   A. 磁感线总是从磁体的北极指向南极

   B. 同一条磁感线上各点的磁场方向相同

   C. 磁体周围没有磁感线的地方没有磁场

   D. 磁场是客观存在的,磁感应线是不存在的,但它能形象地描述磁场的分布情况和方向

5. 爱因斯坦曾说过,磁场在物理学家看来正如他坐的椅子一样实在,磁场虽然看不见、摸不着,但可以通过它对放入其中的_____产生力的作用来认识它,还可以用_____形象地来描述它,这里所用的科学研究方法有_____。

6. 在一盒铝制钉子中混有一些外表完全相同的铁制钉子,用什么方法可以把它们迅速区分开来?

五、实现美

1. 阅读信息窗,并对问题进行解释

2. 为什么将磁铁分割后,每块小磁铁都分别又有两个磁极?

第二节　电流的磁场

【学习目标】

通过对日常生活、工业生产中的电器设备的观察,能说出电与磁有密切

的联系；通过学习能说出电流周围存在磁场；通过探究实验，了解通电螺线管对外相当于一条形磁铁；通过学习会用右手螺旋定则安培定则确定通电螺线管的磁极或螺线管上的电流方向；在认识通电螺线管特性的基础上了解电磁铁的构造。

【学习难点】
知道奥斯特的实验揭示了电流的磁效应；通电螺线管的磁场及其应用。

【学习过程】

一、发现美

阅读课本，结合自己的生活经历，提出问题。

二、各美其美（美美与共）

1. 怎样理解奥斯特实验？

2. 怎样判断通电螺线管的磁极或电流？

3. 正确理解通电螺线管的磁场

4. 电磁铁
（1）电磁铁的工作原理。

（2）电磁铁的铁芯用软铁而不用钢。

三、展示美

相信自己，大胆质疑，向其他同学和老师提问。

四、升华美：

1．通电螺线管磁性的有无是由_____来决定的，磁极的极性是由_____来决定的。

2．奥斯特实验表明，通电导线和磁体一样，周围存在着_____。在磁场的某一点，小磁针静止时其_____（选填"南"或"北"）极所指的方向就是该点的磁场方向。

3．利用电源、开关、滑动变阻器及电磁铁等元件，设计一个磁性可调的电磁铁，画出电路图。

五、实现美

1．阅读信息窗，解释相关问题
2．自制一个电磁铁

第三节　科学探究：电动机为什么会转动

【学习目标】

知道磁场对通电导体有力的作用；知道通电导体在磁场中受力方向与电流方向和磁场方向有关；通过"探究磁场对通电线圈的作用"这一活动，了解电动机的工作原理和能量转化；了解直流电动机的构造，了解电动机在电器中的应用，亲历探究过程，培养学生的观察能力。

【学习重难点】

知道通电导体在磁场中受力运动的过程；理解电动机的工作原理。理解电动机的工作原理。

【学习过程】

一、发现美

1．认识电动机

活动1：让电动机转起来。

按照如图17－1所示，用导线把一台直流电动机模型与电源，开关连接起来。闭合开关，观察电动机转动情况。（注意：若电动机不转动，寻找原因或请求帮助。）与邻组同学交流一下，电动机的转动方向是否一样？如果不一样，是什么原因引起的？再拆开这台直流电动机，观察他由哪几部分组成。

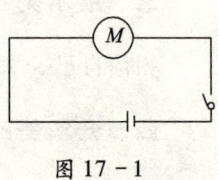

图17－1

（电动机的两个最主要的部件是_____和_____）。

二、各美其美（美美与共）

活动2：观察磁场对通电直导线的作用

（1）如图17－2所示组装实验器材。

（2）给直导线通电，会发现直导线_____。

（3）磁场方向不变，改变直导线中的电流方向，会发现直导线_____。

（4）电流方向不变，改变磁场方向，会发现直导线_____。实验表明：磁场对电流_____，力的方向与_____和_____有关。

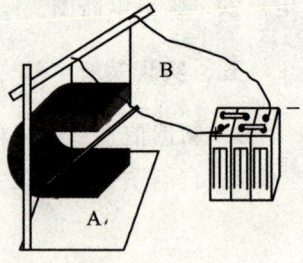

图17－2

3．直流电动机的原理

活动3：观察磁场对通电线圈的作用。

（1）用漆包线绕成线圈，将线圈两端的漆全部刮去后放入磁场，如图17－3所示。闭合开关，观察到的现象是：

通电线圈_____（能/不能）在磁场中转动；通电线圈_____（能/不能）在磁场中持续转动下去；通电线圈的平面与磁感线垂直时，线圈受到磁场的作用力_____，这个位置称为_____。

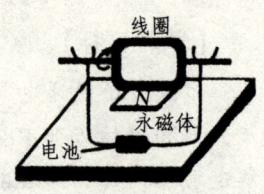

图17－3

（2）怎样才能使通电线圈在磁场中持续转动？

分析：当线圈刚转过平衡位置时，如果立即改变_____，那么通电线圈就能在磁场力的作用下继续转动下去。完成这一任务的装置就是_____。它的作用是_____。

（3）直流电动机的工作原理是_____，它工作时将_____能转化为_____能。

三、展示美

把自己的猜想和同学间讨论的结果与其他同学分享，并聆听老师的评价。

四、升华美：

1．通电导体在磁场中_____，受力的方向跟_____和_____有关。如果这两者其中之一的方向改变，则力的方向_____，如果这两者的方向同时改变，则力的方向_____。

2．直流电动机是根据_____原理制成的，它是利用_____来改变线圈中的电流方向，从而使它能连续转动。

3．在探究"让线圈转起来"的实验中，线圈能够转动的原因是_____，为了使线圈能持续转动，采取的办法是_____；要想使线圈的转动方向与原来的相反，采用_____或者_____的方法。

4．以下装置中利用磁场对电流的作用的原理制成的是（　　）
　A．电磁铁　　　　　　B．电风扇中的电动机
　C．电饭锅　　　　　　D．电铃

5．如图17-4所示，从一个不能打开的盒子（内有电池组等电路元件）上的两个小孔中伸出一段细软的长导线，试在不断开该导线的情况下，设计两种不同的方法以判断该导线中是否有电流，要求写出所用器材、主要实验步骤及判断导线中是否有电流的方法。

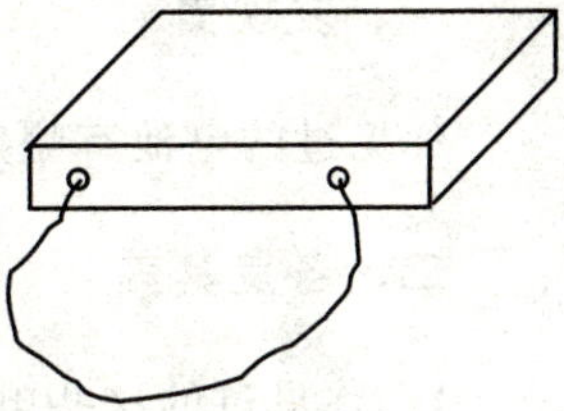

图17-4

五、实现美

1．制造一个简易电动机。

2．在制造简易电动机时可以将两端线头的漆刮去吗？

第十七章　从指南针到磁浮列车

第十八章 电能从哪里来

第一节 电能的产生

【学习目标】

了解电能的各种来源与应用；初步了解电池及电池的结构、性能、种类及使用注意事项，知道废旧电池的处理方法；初步了解发电机及其分类，知道目前常用的几种发电方式中能量的转化过程、开发利用的可持续发展情况；自己制造出水果电池，并能搜集有关水果电池的信息。

【学习重难点】

知道常见干电池、蓄电池、太阳电池和燃料电池的能量转化特征和对环境的影响；各种发电方式中有关能量转化过程、影响可持续发展的因素，以及是否存在环境污染隐患等内容；常见干电池的结构及性能。

【学习过程】

一、发现美

你见过的电池有哪些？请列举出来。_____。

二、各美其美

1. 你见过的这些电池的构造由哪几部分组成，它们有何用途？请结合课本 P193 自学完成下列习题，完成后小组内交流，提出小组问题。

（1）干电池主要由_____、_____和_____组成，根据所用材料的不同，干电池分为锌锰电池、镍镉电池、锂电池、银锌电池等。

（2）我国常用的 1 号、2 号、5 号、7 号干电池的电压都是_____。

（3）大多数电池是_____的，电能耗尽即废弃。但镍镉电池和镍氢电池中也有可以反复多次充电使用的。

（4）干电池使用方便，但现在多数干电池内因为含_____、_____等_____元素，随便丢弃会污染环境，破坏生态，所以，废弃的干电池要____

_____。

（5）无论何种干电池都不能投入火中燃烧，也不要随便_____，废旧电池应_____。

（6）常见的蓄电池的极板是____制的，电解质溶液是_____。一个铅蓄电池的电压是_____，使用时常将若干个蓄电池_____使用，如汽车上的蓄电池是用6个蓄电池串联的，学校实验室用的蓄电池是由3个蓄电池串联的。

（7）太阳能电池用半导体硅和金属导体制成，当太阳光照射到电池上时，在正、负两极之间就形成了_____。

（8）太阳能电池可以做得比较小巧，用在计算器、玩具等上面。大量的太阳能电池联成阵列，可以建成太阳能发电站。巨大的太阳能帆板是_____的主要电源之一。

（9）燃料电池是通过_____反应产生_____能的装置。燃料电池的效率极高，它_____、_____等作燃料，可以减少_____的排放量，有利于环境保护。

2．实验探究。

制作水果电池，分别取不同种类的水果进行实验，然后比较哪种电池产生的电压高，并思考这个水果电池能使小灯泡发光吗？

3．新型的发电方式有哪些？它们之间的能量转化过程是怎样的？完成后小组交流讨论。

（1）火力发电

①火力发电的能量转化过程是：_____→_____→_____→_____。

②火力发电大量利用_____性能源，而且会产生大量的_____、_____和_____等，污染环境，对生态环境产生不利的影响。

（2）水力发电

①水力发电的能量转化过程是：_____→_____→_____→_____。

②水力发电对环境_____（有、无）污染，受_____和_____的影响。

（3）核能发电

①核能发电的能量转化过程是：_____→_____→_____→_____。

②核电站运行时会节省_____，而且不会对_____和_____造成污

染，是一种比较_____的能源。

③秦山核电站是我国第一座核电站，到本世纪初装机总容量将达到_____。

三、展示美

把自己知道的和同学交流，将不懂的问题向同学或老师提出质疑。

四、升华美

1. 下列装置中不是电源的是（　　）
   A. 干电池　　B. 蓄电池　　C. 发电机　　D. 电动机
2. 使用电池时，决不允许用导线直接把两极连接起来，这主要是因为（　　）
   A. 电路中的电流过大损坏电池
   B. 电流中的电流过小损坏电池
   C. 用电器无法工作
   D. 有触电危险
3. 下列说法中正确的是（　　）
   A. 蓄电池的主要有点是体积小，容量大
   B. 氧化银电池能够把太阳能电池转化为电能
   C. 干电池可以反复充电，反复使用
   D. 蓄电池是一种可以多次使用的电源
4. 下列机器，属于机械能转化为电能的是（　　）
   A. 水轮发电机　B. 电动机　　C. 电力机车　　D. 干电池
5. 下列关于电池使用说法不正确的是（　　）
   A. 不同型号的电池性能不同，不要把不同型号的电池混合使用；但可以新旧电池可以混合使用
   B. 废电池应分类投入回收箱内
   C. 不能把电池投入水中，也不能投入火中燃烧
   D. 不要随便将电池拆开
6. 关于电源，下列说法中错误的是（　　）
   A. 电源是把其他形式的能转化为电能的装置
   B. 电源是提供电压的装置
   C. 电源的作用是电源内部使正、负电荷分开

D．电源是产生电荷的装置

7．一节干电池的电压是_____V，一个铅蓄电池的电压是_____V。

8．燃料电池是通过_____产生电能的装置，他具有_____、_____等优点。

9．为改善驻守在南沙某岛边防战士的工作、生活条件，在岛上安装了太阳能电池板，白天，太阳能电池板给蓄电池充电；晚上，蓄电池给探照灯供电，这样白天和晚上的能量转化形式是（　　）

A．白天：太阳能→内能→电能

B．白天：太阳能→电能→化学能

C．晚上：化学能→电能→太阳能

D．晚上：化学能→电能→化学能

10．关于干电池，下列说法中正确的是（　　）

A．有的干电池提供直流电，有的干电池提供交流电

B．干电池是把电能转化为化学能的装置

C．常用的1号、2号、5号、7号干电池的电压随号数的增大而增大

D．多数干电池中有汞、镉等重金属元素，随便丢弃会污染环境，所以废干电池应该集中分类处理

11．关于电源，下列说法错误的是（　　）

A．发电机是把机械能转化为电能的电源

B．干电池和蓄电池是把化学能直接转化为电能的电源

C．氧化银电池、太阳能电池等新型电池都是把其他形式的能量转化为电能的电源

D．电源的作用就是把电能转化为其他形式的能量

12．下列装置不属于电源的是（　　）

A．宇宙飞船上用的太阳能电池板

B．电动机

C．学生电源

D．蓄电池

13．下列说法正确的是（　　）

A．电池是把化学能转为电能的装置

B．电源是把电能转化为其他形式的能的装置

C．用电器是把其他形式的能转化为电能的装置

D．所有的用电器通电时总有内能产生

14. 工业生产中能大量提供电能的电源是（　　）
A. 干电池　　　　　　　B. 蓄电池
C. 发电机　　　　　　　D. 太阳能电池

图 18－1

五、实现美

1. 风力发电有哪些优点和缺点？

2. 有机会时，在老师或家长的陪同下去发电站参观访问

第二节　科学探究：怎样产生感应电流

【学习目标】

知道电磁感应现象及产生感应电流的条件；知道在电磁感应现象中，机械能转化为电能；会进行相关的探究活动，培养探究技能；通过观察、思考能够提出问题、发现问题；通过实验探究，知道导体在磁场中运动时产生感应电流的条件；利用对比的方法区分磁生电和电生磁；经历科学探究中的交流与合作过程，培养合作意识和能力，培养探讨问题的兴趣习惯，善于相互学习，取长补短。

【学习重难点】

知道电磁感应现象及产生感应电流的条件；实验探究产生感应电流及区分磁生电和电生磁。

【学习过程】

一、发现美

观察与猜想

1. 摇动发电机小灯泡就发光，不摇动发电机小灯泡就不发光。

猜想：_____。

2. 发电机转的快小灯泡就亮，发电机转的慢小灯泡就不太亮。

猜想：_____。

次序	实验条件	电流表指针反应
1	将闭合电路的部分导体放在磁场中静止	
2	使这部分导体在磁场中上下运动	
3	使这部分导体在磁场中前后运动	
4	使这部分导体在磁场中向左运动	
5	使这部分导体在磁场中向右运动	
6	对调磁极，使这部分导体在磁场中向左运动	
7	对调磁极，使这部分导体在磁场中向右运动	
8	使这部分导体在磁场中斜着运动	
9	断开开关，使这部分导体在磁场中左右运动	

3. 通过观察你还有何猜想？

我的观察：_____。

我的猜想：_____。

二、各美其美（美美与共）

1. 你将怎样去验证你的猜想？

（1）怎样做能产生感应电流？结论：_____。

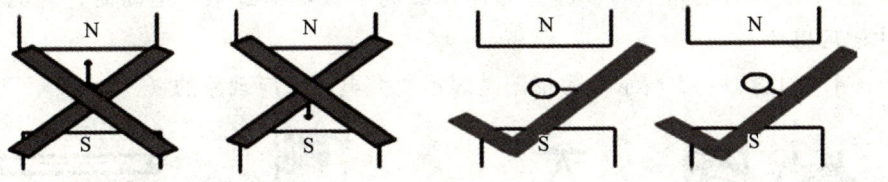

图 18-2

（2）感应电流的方向与什么有关？结论：_____。

（3）感应电流的大小可能与什么有关？结论：_____。

归纳总结得出：

1. 电磁感应现象：

2. 感应电流：

3. 产生感应电流的条件：

4. 影响感应电流方向的因素：
5. 在电磁感应现象中是机械能转化为电能
6. 电磁感应现象的应用：

三、展示美

把自己知道的向同学交流，将不懂的问题想同学或老师提出质疑。

四、升华美

1. 在磁场中悬挂一根导体 AB，把它的两端跟电流表连接起来，合上开关，让导体 AB 在磁场中左右运动，你会观察到_____的指针发生偏转，说明_____电流产生。这种现象叫_____，在这种现象中_____能转化为_____能。

2. 2005 年是世界物理年。下列四位科学家都对物理学的发展做出了卓越的贡献，其中首先发现电磁感应现象的科学家是（   ）
   A．爱因斯坦　　B．法拉第　　C．奥斯特　　D．牛顿

3. 关于电磁感应现象，下面叙述中正确的是（   ）
   A、当闭合电路的一部分导体在磁场中运动时，就能产生感应电流
   B、任何导体在磁场中运动都能产生感应电流
   C、当闭合电路中的一部分导体在磁场中沿磁感线方向运动时，就能产生感应电流
   D、当闭合电路中的一部分导体在磁场中做切割磁感线运动时，就能产生感应电流

4. 如图 18-3 所示，哪幅图是表示研究电磁感应现象的（   ）

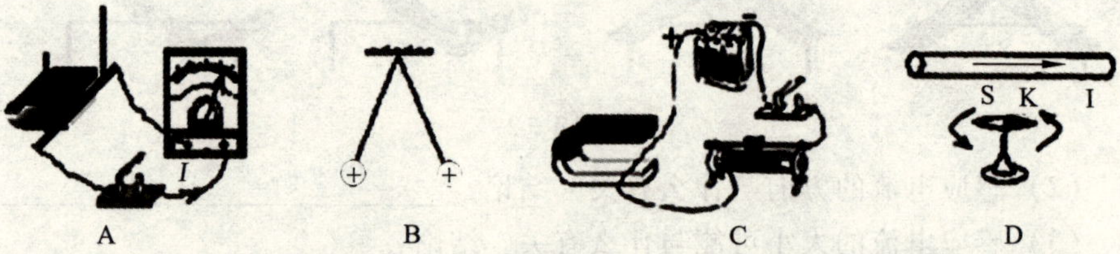

图 18-3

5. 关于电磁感应现象，下列说法正确的是（   ）
   A、导体在磁场中运动一定会产生感应电流
   B、导体中感应电流的方向，只跟导体的运动方向有关
   C、导体中感应电流的方向，只跟磁感线的方向有关

D、在电磁感应现象中，机械能转化为电能

6. 如图18-4所示是研究感应电流方向与哪些因素有关的实验示意图。比较甲、乙两图可知感应电流方向与_____有关；比较甲、丙两图可知感应电流方向与_____有关。

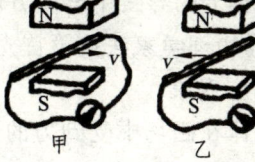
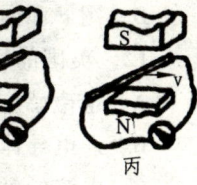

图 18-4

7. 如图所示，将一根条形磁铁插入线圈时，与之相连的灵敏电流计的指针会发生偏转。在这个闭合电路中，_____相当于电源，这一现象中能量的转化情况是_____。

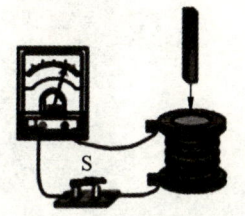

图 18-5

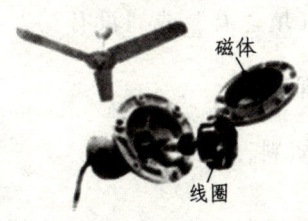

图 18-6

8. 微型电扇的内部构造如图所示。在完好的微型电扇的插头处接一只发光二极管，用手旋转叶片，将发现二极管发光，这说明_____；微型电扇接入电路中能转动，其工作原理是_____。

9. 关于电磁感应现象，下列说法中正确的是（   ）

A．闭合电路的一部分导体在磁场中运动，一定产生感应电流

B．导体的一部分在磁场中做切割磁感线运动，一定产生感应电流

C．麦克风是利用电磁感应现象制成的

D．电磁铁是利用电磁感应原理制成的

10．在电磁感应现象中，能量的转化过程是（   ）

A．电能转化为机械能　　　B．机械能转化为电能

C．电能转化为化学能　　　D．化学能转化为电能

11．如图18-7所示，闭合电路的一部分导体在磁极间运动，图中小圆圈表示导体的横截面，下面说法中正确的是（   ）

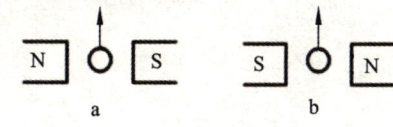

图 18-7

A、图a的导线中没有感应电流

B、图b和图c的导线中电流方向相同

C、图 b 和图 c 的导线中电流方向相反

D、图 a 和图 b 的导线中电流方向相同

12．英国的物理学家法拉第首先发现了（　　）

A、电磁感应现象

B、通电导体在磁场中受到力的作用

C、电流的磁效应

D、电流的热效应

13．如图甲、乙所示，闭合电路的一部导体 a、b 在磁场中沿箭头所示方向运动，甲图导体 a 中_____感应电流产生，乙图导体 b 中_____感应电流产生（填"有"或"没有"）。

五、实现美

1．查询资料，了解法拉第。

2．在交流合作中我们应注重哪些行为品质？

第十九章 走进信息时代

第一节 感受信息

【学习目标】
　　通过学习了解主要的信息记录和信息传播的方式；通过学习了解电报和电话；通过学习能够说出中华民族在信息记录和传播的历史中所作的贡献，激发爱国热情。

【学习重难点】

【学习过程】

一、发现美

1. 传播方式：在交通和通信很不发达的时代，人们常使用_____、_____、_____等方式来传递信息。
2. 特点：传播速度_____、距离_____、信息量_____。
3. 现代信息的传播主要采用哪些方式？
4. 记录信息的方式有_____、_____、_____、_____等。
5. 电报与电话：
（1）19世纪30年代，莫尔斯发明了_____，为人类打开了电信世界的大门。莫尔斯电码用_____和_____脉冲（点和划）代表字母，使信息以莫尔斯电码的形式沿电缆传送出去。
（2）1876年贝尔发明了_____，这是人类历史上最伟大的发明之一。电话机通常由_____、_____和_____组成。电话机的原理是：振动→变化的电流→振动。

二、各美其美（美美与共）

　　电话的发明者是谁？它有哪几部分组成的？各部分有什么作用？电话的基本原理是什么？

1．电话机话筒里的金属盒、碳粒和膜片构造在一起，它的作用相当于（　　）

A．开关　　　B．电源　　　C．变阻器　　　D．电磁铁

2．电话由_____、_____和_____三部分组成。电话的话筒的作用是_____，听筒的作用是_____。

三、展示美

把自己的猜想和同学间讨论的结果反馈给全体同学，并聆听老师的评价。

四、升华美

1．下列信息传递方式的载体是：两人面对面交谈时是利用_____传递声音；两地间通过电话交谈时是利用_____传递声音；家中电视机能收到国内电视节目是利用_____传递节目内容。

2．下列关于信息的传递的说法中，正确的是（　　）

A．声、光和电磁波中，只有电磁波能够传递信息

B．固定电话、移动电话、广播和电视都是利用导线中的电流传递信息的

C．摄像机拍得的物体图像，直接通过发射天线发射传播信息

D．微波通信、卫星通信、光纤通信、网络通信都可以用来传递信息

3．动圈式话筒。当你对着话筒说话时，声音使与膜片相连的线圈振动．线圈在磁场中的这种振动，能产生随着声音变化而变化的_____，这是_____现象。

五、实现美

1．人类互相传递信息的方式多种多样，请你举出两例：

（1）_____。

（2）_____。

2．电话的最基本组成部分为_____和_____。电话的基本原理就是把_____变为_____再变为_____。

3．我国古代利用烽火传递边疆警报，古希腊人用火炬的位置表示字母符号，这些都是通过传递_____信号达到传递信息的目的。利用击鼓鸣金可以报送时刻或传达命令，这是传递的_____信号。

4．信息有多种载体，请你举出三种常见的信息载体_____、_____、_____。

5．电话机话筒里发生的主要能量转化是（　　　）
A、电能转化为机械能　　　　B、热能转化为电能
C、机械能转化为电能　　　　D、电能转化为势能
6．电话机听筒里发生的主要能量转化是（　　　）
A、电能转化为机械能　　　　B、热能转化为电能
C、机械能转化为电能　　　　D、电能转化为势能

第二节　让信息飞起来

【学习目标】

学习了解电磁波，以及电磁波的分类和作用。

【学习重难点】

学习了解电磁波；波的特征。

【学习过程】

一、发现美

1．电磁波分类：按波长由大到小（频率由小到大）可分为：_____
_____。

2．应用：_____。

3．电磁波的特征：

（1）波长（λ）：_____的距离。单位：_____。

（2）频率（ν）：表示_____。单位：_____，常用的单位还有千赫（kHz），兆赫（MHz）。1 kHz = _____Hz；1 MHz = _____Hz。

（3）波速（c）：_____。单位 m/s。电磁波在真空中的传播速度为：c = _____。

（4）波长、频率、波速之间的关系：c = _____。

二、各美其美（美美与共）

1．你认为电磁波与前面我们学习过的超声波、次声波有何区别？

2．试推导波速、波长与频率的公式关系。

3．电磁波在生活中有哪些应用？

第十九章　走进信息时代

三、展示美

把自己的猜想和同学间讨论的结果反馈给全体同学，并聆听老师的评价

四、升华美

1．下列不属于电磁波的是（   ）
  A、太阳光   B、家庭电路中使用的交流电
  C、声波   D、无线电波

2．下列说法不正确的是（   ）
  A、声、光和电磁波都能够传递信息
  B、固定电话、移动电话、广播和电视都是利用导线中的电流传递信息的
  C、微波炉是利用电磁波来加热食品的
  D、根据电磁波在真空中的传播速度公式 $c=\lambda f$，可以推断频率越高的电磁波，波长越短。

3．下列器物与电磁波的应用有关的是（   ）
  A、无线电收音机   B、磁悬浮列车
  C、电磁超重机   D、交流发电机

4．继大气污染、水质污染、噪声污染后的第四大污染是（   ）
  A、白色垃圾污染   B、电磁污染
  C、光污染   D、交通污染

5．以下关于电磁波的说法不正确的是（   ）
  A．无线通信是用电磁波进行传播 B．医院B超发出的超声波是电磁波
  C．遥控器发出的红外线是电磁波 D．透视使用的X射线是电磁波。

6．下列有关家用电器性能及使用的判断，其中正确的是（   ）
  A．空调机和电风扇都可以降低室内温度
  B．微波炉产生的微波和声波是本质上相同的波
  C．电视机和收音机都能接收电磁波
  D．电冰箱的门打开后，室内温度会不断降低。

7．下列关于电磁波的一些说法中正确的是（   ）
  A．电磁波在真空中不能传播
  B．电磁波在空气中的传播速度约为340 m/s
  C．红外线属于电磁波
  D．电热水壶是利用电磁波来工作的

五、实现美

电磁波是怎样传递信息的？

第三节 踏上信息高速公路

【学习目标】

学习了解光纤的结构和特点，了解现代电信网络和互联网。

【学习重难点】

了解现代电信网络和互联网；了解现代电信网络和互联网。

【学习过程】

一、发现美

1. 信息高速公路是指可以交流各种信息的_____、_____的通往网络，电话、电视、广播、数据文件都可以在光纤构成的"信息高速公路"上传播，并且_____。

2. 光纤

（1）定义：光导纤维简称光纤，是传输光的介质。

（2）原理：光纤很细，有内外两层，由于内外层的_____本领不一样，光在光纤中通过时，发生全反射，就不会跑到外层了。光纤通信是声信号→电信号→光信号→电信号→声信号。

（3）特点：光在光导纤维中损耗_____，可长距离传输，光纤通信的通信容量_____，不怕雷击，不受电磁干扰，通信质量高，保密性好。

3. 现代电信网络。

（1）现代通信由_____、_____、_____构成。

（2）移动电话的基地台是按_____的构造布局的，大大增加了无线电覆盖的有效面积，减少了转接信息的基地台数量。

4. 因特网：英文名称是 Internet，又称_____。它利用_____和_____，将分布于世界各地的计算机网络连接起来，用来传送计算机信号。

二、各美其美（美美与共）

1. 提出问题：你知道什么是信息高速公路吗？

2. 你知道信息高速公路是由什么材料构成的吗？

3. 用光来运载信息具有什么优点？

4. 光在光纤中传播具有哪些特点？

三、展示美

把自己的猜想和同学间讨论的结果反馈给全体同学，并聆听老师的评价。

四、升华美

1. 一根光纤能同时传输相当于 10000 根电话的信息量，这说明光纤具有_____的优点；另外光纤适用于远距离传输大量信息，并且信号衰减程度小，即图像特别清晰，这说明光纤还具有_____的优点。

2. 卫星通信就是利用_____作微波通信的_____进行的，通信卫星大多数是_____卫星，在地球周围均匀地配置_____颗同步通信卫星，就可实现全球通信。

3. 现代电信网络主要由微波通信、_____通信和_____通信三种方式组成。人们通过计算机进入_____这个信息高速公路，在全球范围内使信息得到调整共享。

五、实现美

1. 一台额定功率为 0.08 W 的收音机，在接收频率逐渐减小的过程中，所对应电磁波的波长将逐渐_____（填"增大"、"减小"或"不变"）；该电磁波在空间传播的速度约为_____ m/s；在正常工作情况下，若持续收听 1 h，将消耗_____J 的电能。

2. 中央电视台第一套节目的频率为 52.5 MHz（$1 MHz = 10^6 Hz$），电磁波在真空中的传播速度_____（填"大于"、"等于"或"小于"）光在真空中的传播速度，其速度大小为_____m/s，则中央电视台第一套节目的波长为_____m。

3．下列通信方式中，属于有线通信方式的有（　　）

A、卫星通信　　B、移动通信　　C、微波通信　　D、光纤通信

4．下列关于信息的传递的说法中，正确的是（　　）

A、声、光和电磁波中，只有电磁波能够传递信息。

B、固定电话、移动电话、广播和电视都是利用导线中的电流传递信息的。

C、摄像机拍得的物体图像，直接通过发射天线发射传播信息。

D、微波通信、卫星通信、光纤通信、网络通信都可以用来传递信息。

5．光在光纤中传播的路径是（　　）

A、沿直线传播　　　　　　B、遵守光的反射规律

C、遵守光的折射规律　　　D、以上说法都不正确

6．关于上网，下列认识中不正确的是（　　）

A、只要有电脑，随时随地就可以上网

B、通过电话线可以上网

C、通过有线电视网，计算机可以接入 Internet

D、互联网是一个有线网络系统

7．利用 Internet，可以从事下列哪些活动（　　）

A、收集各种声音、图像、文字信息

B、进行商务谈判、签订商业合同

C、购物

D、完全替代在传统学校的各项学习活动

第二十章

第一节 能量的转化和守恒

【学习目标】

通过自己做小实验，发现各种现象和内在联系，体会各种形式的能量之间的相互转化；通过讨论体会能量不会凭空消失，只会从一种形式转化为其他形式，或从一个物体转移到另一个物体．知道能量守恒定律；能举出日常生活中能量守恒的实例，并有用能量守恒的观点分析物理现象的意识。

【学习重难点】

通过实验体会各种形式的能量之间的相互转化；通过讨论理解能量守恒定律。

【学习过程】

一、发现美

1. 在生活中，我们会看到许多现象，有物理的（力、声、光、电等）、有化学的、有生物的等等，这些现象都是互相联系的．可以从能量的角度反映这种联系吗？

2. 用桌子上的仪器做做实验，观察实验所发生的现象，讨论发生了哪些能量转化？

二、各美其美（美美与共）

1. 分组讨论预习作业，提出学习中存在的问题，并请其他组的同学或教师解答。

问题（1）：_____。

（2）：_____。

（3）：_____。

2．怎样理解"能量守恒定律是自然界最普遍、最重要的基本定律之一"这句话？

3．怎样从能量的角度理解自然界中的各种现象都是互相联系的？

三、展示美

把自己知道的向同学交流，将不懂的问题想同学或老师提出质疑。

四、升华美

1．自然界中除了内能可以同其他形式的能量发生转化外，各种形式的能量在一定条件下都可以相互_____，例如，燃料燃烧释放化学能_____完全燃烧获得的内能；再如：电动机带动水泵消耗的电能_____水泵获得的机械能＋电动机发热产生的内能；且在转化和转移中能量是_____的。

2．指出下列现象中能量的转化或转移：
（1）植物进行光合作用_____。
（2）电熨斗同电发热_____。
（3）用转动的砂轮磨刀，有火星飞出_____。
（4）晒太阳感到暖和_____。

3．能量既不会凭空_____，也不会凭空_____，它只会从一种形式_____为其他形式，或者从一个物体_____到另一个物体，而在_____和

_____的过程中，能量的_____保持不变，这就是能量守恒定律。

4. 下列过程中，属于内能转化为机械能的是（　　）

A. 寒冷天气快速搓手，手会感到暖和

B. 水轮机带动发电机发电

C. 烧红的铁块放入水中，冷水变热

D. 壶中的水沸腾时，壶盖不断地在跳动

5. 当水壶中的水烧开时，壶盖会被顶起，从能量转化的观点看：这是水蒸气的_____能转化为壶盖的_____能。

五、实现美

1. 英国物理学家法拉第经过10年不懈努力，终于在1831年发现了_____现象，导致发电机的发明，实现了电能的大规模生产。我国兴建的长江三峡发电机组，是通过_____能转化为电能。福州市即将兴建的垃圾焚烧电厂，是将垃圾焚烧后获得的_____能。最终转化为电能。

2. 能量转化与守恒是自然界的基本规律之一，下列过程中机械能转化为电能的是（　　）

A. 干电池放电 　　　　B. 给蓄电池充电

C. 风力发电 　　　　　D. 电动机带动水泵抽水

3. 据报道：近日一种新型太阳能公共卫生间落户北京东郊民巷，该卫生间的能源全部由位于顶部的太阳能电池板提供，它还能将多余的能量储存在蓄电池里。这种能量转化和储存的方式是（　　）

A. 太阳能转化为内能，再转化为电能

B. 太阳能转化为电能，再转化为化学能

C. 太阳能转化为内能，再转化为化学能

D. 太阳能转化为电能，再转化为光能

4. 在试管内装一些水，用软木塞塞住，用酒精灯加热试管使水沸腾，水蒸气会把软木塞冲出，在水蒸气冲出软木塞的过程中，_____的内能减少而软木塞的_____能增加。

5. 一个巨大的能源，直接利用太阳能不会污染环境，围绕地球运转的通信卫星，其两翼安装的太阳电池板，能把_____能直接转化成_____能，供通信卫星使用，太阳能还可以直接转化成内能，现有一太阳能热水器，在晴天，每天可将 50 kg 水从 20℃ 加热到 50℃，若燃烧煤气来加热这些水，则至少需要消耗掉_____ m^3 的煤气 [已知完全燃烧 1 米^3 煤气可放出

$3.9×10^7$J 的热量,水的比热为 $4.2×10^3$J/(kg·℃)]。

第二节 能源的开发和利用

【学习目标】

通过实例了解有那些不同形式的能量;常识性了解什么是能源;什么是一次能源、二次能源及其特点;什么是不可再生能源、可再生能源及其特点。

【学习重难点】

了解什么是能源;什么是一次能源、二次能源及其特点;什么是不可再生能源、可再生能源及其特点。

【学习过程】

一、发现美

在生活中,我们都要消耗及利用能量,这些能量是怎样产生和得来的呢?

二、各美其美(美美与共)

(一)能量的来源

阅读课本,完成下列问题。

1. 凡是能够提供_____的物质资源叫做能源,他是人类赖以生存和发展的重要物质基础。如_____是当今人类利用的主要能源。

2. 多种多样的能源。

化石能源:_____、_____、_____属化石能源,他蕴含着化学能,是我国目前的主要能源物质,其储量有限,如果过度开发会引发严重的环境问题。

水能、风能、潮汐能他可以直接从自然界中获得,蕴含着_____能,他与太阳能地热能一样具有_____、_____供应持久的特点,但是它的分布不稳定和不均匀。

3. 自然界中的各种生物进行生命活动必需的能源来自_____,他是一化学能的形式蕴含。但是它有一定的环境污染。还有一种能源就是核能，他是原子核发生变化时释放的能量，能量巨大，但存在放射性污染。

（二）能源的分类

1. 能源家族可从不同角度划分，从其产生的方式可分为_____和_____。比如风能、_____、太阳能、地热能以及核能可以直接从自然界中获得的是_____。我们使用的电能是无法从自然界直接获取，必须通过_____的消耗才能得到的能源叫_____。

2. 从能源是否可再利用的角度可分为_____和_____。

3. 由生命物质提供的能源称为_____。日常生活中我们生火取暖是木材给我们提供了_____。日常生活中的食物给我们提供了_____，在生活中我们常说某些食品含有的"热量"多，就是指的_____（填"热量"、"内能"、"生物能"或"温度"）。

4. 目前世界能源消耗情况，其中90%以上是不可再生能源，石油大约占40%、煤占35%、天然气占20%。目前我国的能源结构主要以煤为主，其比重大约为：煤68.%、石油、天然气24%，其他（水电、核能、新能源发电）7.3%。

要点归纳：

1. 生活中的能源可分为一次能源、二次能源、可再生能源、不可再生能源。

2. 能源的广泛使用，给人类文明带来了巨大的进步，但并非所有的能源都是取之不尽、用之不竭的，所以，我们要不断的开发新能源。

三、展示美

把自己知道的向同学交流，将不懂的问题想同学或老师提出质疑。

四、升华美

1. 我国曾在南海海底发现了一种俗称"可燃冰"的冰块状天然气水合物，能源总量可达全国石油总量的一半，燃烧 $1\ m^3$ 的"可燃冰"释放出的能量与燃烧 $164\ m^3$ 的天然气释放的能量相等，由此可判断"可燃冰"（   ）

    A. 具有较多的内能　　　　B. 具有较多的化学能
    C. 只有燃烧时才有内能　　D. 没点燃时只具有化学能

2. 不同的能源物质提供给人类利用的能量形式是不同的，其中生物能提

供的能源是（　　）

　　A．电能　　　B．动能　　　C．势能　　　D．化学能

3．关于能源的说法，正确的是（　　）

　　A．煤，石油，天然气以及水能，风能，太阳能是一次能源

　　B．核能，电能，地热能是二次能源

　　C．煤是世界上许多国家的主要能源

　　D．生物质能是一次能源

4．关于能源的说法，正确的是（　　）

　　A．化石能源是不可再生能源

　　B．核能是可再生能源

　　C．一次能源中只有石油，煤和天然气

　　D．二次能源中只有电能和核能

5．下列能源中属于一次能源的是（　　）

　　①风能　　②地热能　　③电能　　④核能

　　A．①②③④　　B．①②③　　C．①②④　　D．②③④

6．下列属于不可再生能源的是（　　）

　　①石油　　②太阳能　　③天然气　　④生物质能

　　A．①②　　B．②③　　C．③④　　D．①③

7．下列关于能源的说法正确的是（　　）

　　A．煤、石油是当今人类利用的主要能源，它们是可再生能源

　　B．天然气是一种清洁的能源，人类可以无尽地开发利用

　　C．如果大量利用太阳能，可能使太阳能在短期内消耗殆尽

　　D．水能和风能可以从自然界里得到，是可再生能源

8．关于能源的利用，下列说法不正确的是（　　）

　　A．太阳能、地热能、核能属于新能源

　　B．我们用来照明的电能是二次能源

　　C．我们用的太阳能热水器取热是利用一次能源

　　D．我国煤的储量很大，不必开发太阳能的利用

9．现在城市的太阳能 LED 照明路灯，它主要由太阳能电池板、LED 灯头等部分构成。LED 是一种 发光二极管，通过电流能够发光，可以把电能直接转化成＿＿＿＿能。太阳能是＿＿＿＿（选填"一次"或"二次"）能源，清洁无污染。

10．太阳能把地面的空气晒热，太阳能转化为＿＿＿＿能；空气流动成

风，又转化为_____能；植物吸收太阳能，发生光合作用，太阳能转化为植物的_____能；古代植物在地质变迁中变为煤、石油、天然气，转化为这些燃料的_____能。

五、实现美

你能研制出既能食用又能做电池的水果吗？

第三节 材料的开发与利用

【学习目标】

知道身边形形色色的材料中按导电性不同可分为导体、半导体、绝缘体三大类；初步了解半导体的一些特点；了解半导体材料的发展对社会的影响。

【学习重难点】

导体和绝缘体有什么不同，怎样辨别导体和绝缘体半导体的奇妙电学特性。

【学习过程】

一、发现美

1. 自带物品

带有绝缘皮的铜导线、铝导线、玻璃片、塑料片、铁钉、橡皮泥、干电池（两节）、导线、开关、灯泡、待测材料、橡胶条等。

2. 预习记录

通过预习课文，你学会了什么？有哪些疑问？请简要记录下来。

活动1：阅读课本"材料的导电性"，思考讨论下列问题。

1. 导体和绝缘体有什么不同，你怎样辨别导体和绝缘体？

2. 导体容易导电，绝缘体不容易导电的原因是什么？

3．常见的材料中哪些是导体？哪些是绝缘体？哪些是半导体？

4．填一填

（1）根据导电性的不同，材料可分为_____、_____、_____。

（2）材料的导电性能是由材料内部_____的运动情况决定的。

（3）半导体材料的导电性介于_____和_____之间，具有一些特殊的物理性质。

（4）常见的半导体材料有_____、_____和_____等。

二、各美其美（美美与共）

活动2：探究导体和绝缘体。

实验材料：电源、灯泡、导线、接线柱、开关、待测材料（塑料尺、玻璃片、橡皮泥、橡胶条、铜片……）

实验设计：在右面的方框中，自己设计一个实验电路，进行实验，判定待测材料是导体还是绝缘体。

导体有：_____；

绝缘体有：_____。

活动3：阅读"半导体元件"并观察图。思考讨论：

1．你认识哪些半导体元件？

2．半导体元件有哪些类型及特点？

3．填一填

（1）_____、_____和_____都是半导体元件。

（2）半导体元件具有_____，即仅允许_____由一个方向通过元件。_____可以用来放大电信号。

活动4：探究半导体二极管单向导电特性。

实验材料：电源、灯泡、导线、接线板、接线柱、半导体二极管。

实验设计：自己设计实验电路，探究半导体二极管的单向导电特性，并将设计的电路画入右面。

活动5：半导体的应用，思考讨论。

1．半导体的奇妙电学特性有哪些？

2．你能说说生活中哪些地方使用了半导体材料吗？

三、展示美

把自己知道的向同学交流，将不懂的问题想同学或老师提出质疑

四、升华美

填一填

1．科学研究发现，当光照射到某些_____时，半导体内将会产生_____。

2．太阳电池是一种_____、_____、_____的电源。

3．在条形码扫描器内有由_____、_____等元件构成的电路。当_____照射条码时，_____便测量被条码反射回来的光，并将_____变为_____。电脑则依据获取的_____进行分析，检测物品。

五、实现美

调查你周围是否存在由于能源和材料的生产和使用造成环境污染的问题，写一份有关能源和材料的利用与环境保护的建议报告。